Rainer Kinast

Werteorientierte Führungskultur

Theorie und praktische Umsetzung

LAMBERTUS

LAMBERTUS+ App inside

Laden Sie dieses Buch kostenlos auf Ihr Smartphone, Tablet und/oder Ihren PC und profitieren Sie von zahlreichen Vorteilen:

- **kostenlos:** Der Online-Zugriff ist bereits im Preis dieses Buchs enthalten
- **verlinkt:** Die Inhaltsverzeichnisse sind direkt verlinkt, und Sie können selbst Lesezeichen hinzufügen
- **durchsuchbar:** Recherchemöglichkeiten wie in einer Datenbank
- **annotierbar:** Fügen Sie an beliebigen Textstellen eigene Annotationen hinzu
- **sozial:** Teilen Sie markierte Texte oder Annotationen bequem per E-Mail oder Facebook

Aktivierungscode: rkwf-2020

Passwort: 1171-9134

Download App Store/Google play:

- **App Store/Google play** öffnen
- Im Feld **Suchen Lambertus+** eingeben
- **Laden** und **starten** Sie die **Lambertus+ App**
- **Account/Login** oben rechts anklicken um das E-Book zu öffnen
- Bei **Produkte aktivieren** den **Aktivierungscode** und das **Passwort** eingeben und mit **Aktivieren** bestätigen
- Mit dem Button **Bibliothek** oben links gelangen Sie zu den Büchern

PC-Version:

- Gehen Sie auf **www.lambertus.de/appinside**
- **Account/Login** oben rechts anklicken, um das E-Book in der App freizuschalten
- **Aktivierungscode** und **Passwort** eingeben und mit **Aktivieren** bestätigen
- Wenn Sie Zusatzfunktionen wie persönliche Notizen und Lesezeichen nutzen möchten, können Sie sich unten mit einer persönlichen E-Mail-Adresse dafür registrieren
- Mit dem Button **Bibliothek** oben links gelangen Sie zu den Büchern

Jetzt unter www.lambertus.de/appinside | Laden im App Store | JETZT BEI Google play

Bei Fragen wenden Sie sich gerne an uns:
Lambertus-Verlag GmbH – Tel. 0761/36825-24 oder
E-Mail an info@lambertus.de

LAMBERTUS
SOZIAL | RECHT | CARITAS

Rainer Kinast

Werteorientierte Führungskultur

Theorie und praktische Umsetzung

LAMBERTUS

Band 4 der Reihe
„Identität und Auftrag“,
herausgegeben von Michael Fischer

Bisher erschienen:
Alexis Fritz/Michael Fischer/Wolfgang Heinemann/Georg Beule (Hg.) (2016): Entscheidungen im Management christlicher Organisationen

Daniel Lins (2018): Altenhilfe braucht Spiritualität

Michael Fischer/Donatus Beisenkötter (2020): Kita als Lebensort des Glaubens

Bibliografische Information der Deutschen Nationalbibliothek

Die Deutsche Nationalbibliothek verzeichnet diese Publikation in der Deutschen Nationalbibliografie; detaillierte bibliografische Daten sind im Internet über http://dnb.d-nb.de abrufbar.

1. Auflage 2021

www.lambertus.de
Umschlagbild: Andrea Thanner-Gamlich, Wien
Umschlaggestaltung: Nathalie Kupfermann, Bollschweil
Druck: Elanders GmbH, Waiblingen
ISBN 978-3-7841-3316-4
ISBN eBook 978-3-7841-3317-1

Inhalt

Geleitwort 9
Vorwort: Es ist nicht mein Verdienst 10

1 Kulturarbeit – ein kurzer Überblick zur Orientierung 12
1.1 Management und Kulturarbeit 12
1.1.1 Zum Verständnis von Werte- und Kulturarbeit 12
1.1.2 Die Chancen einer gezielten Arbeit an der Führungskultur 13
1.1.3 Mögliche Schritte einer Kulturarbeit mit Führungskräften 14
1.2 Zu diesem Buch 15
1.2.1 Weitergabe von Erfahrungen 15
1.2.2 Zielsetzungen des Buches 16
1.2.3 Überblick über den inhaltlichen Aufbau des Buches 17

2 Werte und Kultur in einem Unternehmen 19
2.1 Existenzielles Werteverständnis in Unternehmen 20
2.1.1 Existenzieller Dialog mit dem Leben 20
2.1.2 Schöpferische Werte 22
2.1.3 Erlebniswerte 24
2.1.4 Einstellungswerte 26
2.1.5 Werte in Beziehung setzen 26
2.2 Unternehmenswerte 28
2.3 Die Kunst des Führens in der Werte- und Kulturarbeit 31
2.3.1 Mindestverhalten einfordern 31
2.3.2 In Auseinandersetzungen Wertehaltungen stärken 32
2.3.2.1 Das Wozu von Werteprojekten gemeinsam sichten 33
2.3.2.2 Werteimpulse am Beginn von Besprechungen 35
2.3.2.3 Werteklausuren 36
2.3.2.4 Werteprozesse 38
2.3.3 Die Kunst, die Schnittmenge der Werte zu heben 40

3 Eigenverantwortlichkeit als möglicher Zielwert 42
3.1 Chancen in VUCA-Zeiten 42
3.2 „Verantwortung" mit der existenzanalytischen Brille 44
3.2.1 Primärer Eindruck 45
3.2.2 Selbstdistanz 46
3.2.3 Innere Stellungnahme 47
3.2.4 Über Alternativen zur äußeren Stellungnahme 48

3.2.5 Die Stellungnahme als verantwortetes Handeln 48
3.2.6 Die „innere Wahrheitsstimme" – das Suchorgan für das Gute 51
3.3 Erwartungen an die Mitarbeitenden 52

4 Personale und organisationale Voraussetzungen für eigenverantwortliches Handeln 54

4.1 Eine Übersicht über vier Aspekte einer intendierten Führungskultur 54
4.2 Zwei Aufgaben von Führungskräften für die Entwicklung der Führungskultur 58
4.3 Voraussetzung 1: Verlässlichkeit, Orientierung und Transparenz 59
4.3.1 Personale Voraussetzung: Halt und Raum in der konkreten Welt haben 59
4.3.2 Kultur der Verlässlichkeit, Orientierung und Transparenz 60
4.3.3 Zusammenfassende Anforderungen an die Führungskraft 61
4.4 Voraussetzung 2: Räume der Reflexion und des Interesses füreinander 62
4.4.1 Personale Voraussetzung: Das Leben als Grundwert erfahren 62
4.4.2 Kultur der Reflexion und des Interesses füreinander 64
4.4.3 Zusammenfassende Anforderungen an die Führungskraft 66
4.5 Voraussetzung 3: Beachtung der Einzelnen 67
4.5.1 Personale Voraussetzung: Mit Selbstwert leben 67
4.5.2 Kultur der Beachtung der Einzelnen 69
4.5.3 Zusammenfassende Anforderungen an die Führungskraft 70
4.6 Voraussetzung 4: Kultur der Förderung des eigenverantwortlichen Engagements 71
4.6.1 Personale Voraussetzung: Sinn geben 72
4.6.2 Kultur des eigenverantwortlichen Handelns 73
4.6.3 Zusammenfassende Anforderungen an die Führungskraft 74

5 Implementierung einer intendierten Führungskultur 75

5.1 Werteworkshops mit Führungskräften 76
5.1.1 Den Sinn und Nutzen einer gezielten Führungskultur erarbeiten .. 77
5.1.2 Kultur auf konkretes Führungsverhalten deklinieren 78
5.1.2.1 Das kontraproduktive Verhalten in den Blick bekommen 78
5.1.2.2 Das kulturstiftende Verhalten präzisieren 80
5.1.3 Handlungsbedarf durch Selbstreflexion orten 81
5.1.4 Veränderungen aufgrund von Feedbacks vereinbaren 82
5.1.5 Persönliche Entwicklungsschritte planen 84

5.2 Kulturprägende Mitarbeitende stärken 86
5.2.1 Beschreibung von kulturprägenden Mitarbeitenden 87
5.2.2 Wege, um kulturprägende Mitarbeitende zu identifizieren 88
5.2.3 Maßnahmen zur Stärkung der kulturprägenden Mitarbeitenden .. 88
5.3 Arbeiten mit der „Landkarte einer Führungskultur" 90
5.3.1 Ressourcenschonende Kulturentwicklung in einem Profit-Unternehmen 90
5.3.2 Umgang mit Widerstand 92
5.3.4 Begleitung neuer Führungskräfte 95
5.4 Mit kontinuierlichen Reflexionen eine gute Kultur-Spur finden .. 96
5.4.1 Der konkrete Hintergrund der Erfahrung 97
5.4.2 Beispiele für Reflexionsräume 98
5.4.3 Entscheidende Faktoren und eine These 99
6 Christliche Spiritualität und Führungskultur 102
6.1 Was ist „christliche Spiritualität"? 102
6.1.1 Spiritualität und Werte 104
6.1.2 Ausgewählte Eckpunkte eines christlichen Welt- und Menschenbildes 107
6.1.3 Orientierung am Lebensmodell von Jesus, dem Christus 109
6.1.4 Ausgewählte Wesenszüge des Lebensmodells von Jesus 111
6.1.4.1 Aus einer tiefen Beziehung zum Vater handeln 112
6.1.4.2 Halt finden und Halt geben 114
6.1.4.3 Sich berühren lassen und berühren 115
6.1.4.4 Kreativ über Grenzen gehen und Grenzen setzen 116
6.1.4.5 Menschen Beachtung schenken und einen Neuanfang ermöglichen 118
6.1.4.6 Sich den Notleidenden zuwenden und heilen 119
6.1.4.7 Begleiten, fördern und ermächtigen 121
6.1.4.8 Zuordnung der existenziellen Grundmotivationen zum Lebensmodell Jesu 122
6.1.5 Auf den Punkt gebracht: Das ist christliche Spiritualität 123
6.2 Pragmatische Zugänge zu einer persönlichen Spiritualität 126
6.2.1 Unterbrechung mitten im Alltag 126
6.2.2 Die wichtigste Viertelstunde 127
6.2.3 In Problemen und Entscheidungen Chancen entdecken 128
6.2.4 Mit Interesse auf Menschen zugehen 129
6.2.5 Einfache Ja-Übung mit Gefühlsdifferenzierung 130
6.3 Mehrwert einer christlichen Spiritualität für eine Führungskultur 131

7 Strukturelle Verankerung der Werte- und Kulturarbeit 133
7.1 Kriterien für eine sinnvolle Struktur 134
7.2 Diverse Modelle und Beispiele 135
7.3 Die Notwendigkeit von Strukturen für eine Führungskultur 136

8 Ein spezielles Thema: Der spirituelle Reifungsprozess und Führungskultur 138
8.1 Dem Fundament folgt die Krise 139
8.2 Sich der Betroffenheit durch Unheilserfahrungen stellen 141
8.3 Eine neue Qualität des Fundaments geschehen lassen 143
8.3.1 Trotz Ängsten sich öffnen 143
8.3.2 In der Dunkelheit mit der Sehnsucht nach Lebenswertem leben 145
8.3.3 Im Versagen neue Achtung vor sich selbst schenken lassen 146
8.3.4 In der Fragwürdigkeit der Perspektiven zur inneren Hellhörigkeit finden 147
8.3.5 Das gestärkte Fundament für Führungskräfte und Organisationen 148
8.4 Exkurs: Ignatius von Loyola und seine Deutung 149
8.4.1 Das Fundament des Ignatius und die existenziellen Grundmotivationen 150
8.4.2 Reinigungsprozesse in der Krise 151
8.5 Die Chancen des Reifungsprozesses für die Führungskultur 153

Ausblick: Mit Zuversicht und Entschlossenheit Schritt für Schritt gehen 154
Literatur 156
Anhang 158
A1 Orientierungsfragen zur Findung der persönlichen Stellungnahme 158
A 2 Übung „Kollegiales Feedback“ 160
A 3 Zur Einschätzung der aktuellen Kultur in unserem Unternehmen 161
A4 Landkarte einer Führungskultur der Eigenverantwortlichkeit ... 162
Der Autor 164

Geleitwort

Michael Fischer

Die gelebten Werte in einem Unternehmen prägen seine Kultur. Eine Unternehmenskultur ist immer das Ergebnis eines teils mühevollen Prozesses des Gestaltens und Reflektierens. Sie entsteht durch konkrete Menschen, insbesondere durch Führungskräfte.

Eine Werte- und Kulturarbeit benötigt Bewusstseins- und Organisationsentwicklungsprozesse. Bewusstseinsprozesse, in denen die Haltungen von Führungskräften ins Gespräch und damit ins Bewusstsein gebracht, transparent und geformt werden. Organisationsentwicklungsprozesse, in denen das Management und die Führungskräfte auf die gelebte Unternehmenskultur aktiv und ausdrücklich Einfluss nehmen, es als ihre Gestaltungsaufgabe verstehen.

In dem vorliegenden Buch beschäftigt sich Rainer Kinast mit einer werteorientierten Führungskultur aus einer praktischen und theoretischen Perspektive. Er verbindet dabei gekonnt drei unterschiedliche Sichtweisen, die er zu einem Gesamtbild verdichtet: existenzanalytische, organisationsentwicklerische und spirituelle ignatianische Aspekte.

Für Viktor Frankl, den Begründer der Logotherapie und Existenzanalyse, war die Verwirklichung von Werten der Weg zur Sinnfindung. Die Verpflichtung, Werte umzusetzen, lasse den Menschen ein Leben lang nicht los. Für Viktor Frankl galt: Mensch-sein heißt bewusst-sein und verantwortlich-sein. Diese gedankliche Grundlinie ist auch in Rainer Kinasts Ausführungen erkennbar.

Rainer Kinast kann in diesem Buch aus seinem langjährigen beruflichen Erfahrungsschatz als Geschäftsführer, Werteverantwortlicher und Psychotherapeut schöpfen. Werte werden hier als moralische Kostbarkeit verstanden, die Perspektiven eröffnen, die Leben ermöglichen und Entwicklung befördern.

Ich freue mich sehr, dass dieses Buch die Reihe „Identität und Auftrag“ bereichert. Es ist ein erfahrungsgesättigtes und anwendungsbezogenes Buch, das die relevanten Theoriebezüge einbindet. Nicht zuletzt ist dieses Buch auch eine spirituelle Wegleitung für Führungskräfte.

Vorwort: Es ist nicht mein Verdienst

Was ich an theoretischen Erkenntnissen und praktischen Erfahrungen in diesem Buch niederschreiben konnte, ist nicht mein Verdienst. Die vielen Erfahrungen sind das Ergebnis eines Miteinanders. So möchte ich einige nennen, die meine Arbeit als Berater, als leitender Mitarbeiter in der Vinzenz Gruppe und als Geschäftsführer einer Pflegeeinrichtung beeinflusst und mitgestaltet haben.

Herzlichen Dank an Dr. Michael Heinisch und Kolleginnen und Kollegen in der Vinzenz Gruppe. Die Entwicklungsarbeit geschah in einem produktiven gemeinsamen Suchen und Konkretisieren. Bei der Geschäftsleitung hatten Werte und eine bodenständige christliche Kultur einen sehr hohen Stellenwert, wodurch wir in der Vinzenz Gruppe stets neue Wege und Formate entwickelt haben, um die gewollte Kultur am Leben zu erhalten und zu vertiefen.

Mein Dank gilt auch den Führungskräften und Mitarbeitenden vom Pflegeheim Mater Salvatoris, für das ich viele Jahre verantwortlich sein durfte. In diesem Haus im südlichen Niederösterreich ist es gelungen, ohne aufwändige Strukturen, aber doch sehr gezielt eine fast einzigartige menschenfreundliche und wirtschaftlich effiziente Unternehmenskultur zu leben.

Besonderer Dank gilt den Existenzanalytikern Alexander Milz, Frank Gottschling und Jürgen Baumann. Im Austausch unserer praktischen Erfahrungen konnten wir den Schatz der Existenzanalyse für die Unternehmensberatung heben und für wirtschaftlich organisierte Betriebe weiterentwickeln. Von ihnen habe ich viele Impulse für meine praktische Arbeit erhalten. Danke auch an Alfried Längle, dessen Existenzanalyse eine wertvolle Basis für die Kulturarbeit bot.

Der Dank gilt auch meinen Kolleginnen und Kollegen der Akademie für Sozialmanagement in Wien, mit denen ich über 25 Jahren in Teams gearbeitet habe. Das laufende selbstkritische Reflektieren unserer Seminararbeit und das gegenseitige Weitergeben von Know-how hat meine Kompetenz entscheidend bereichert.

Weiters danke ich allen, denen ich eine weltoffene Spiritualität verdanke. Die Frauen und Männer aus dem Dunstkreis der Jesuiten haben meine Haltungen zum Leben und meine Wachsamkeit im Führen grundlegend geprägt. Hier fällt es mir schwer, einzelne Personen herauszuheben.

Danke auch meiner Frau Eva. Das gemeinsame Reflektieren und Austauschen von Erfahrungen hat meine Freude an der Arbeit und meine Sicherheit im Experimentieren gestärkt. Sie hat einen bedeutenden Anteil an diesem Buch. Danke auch für das Lesen der Texte.

Nicht zuletzt ein großes Danke an Michael Fischer, dem Herausgeber dieser Buchreihe. Er hat mich stets und hartnäckig genug zum Schreiben ermutigt und diese Veröffentlichung ermöglicht. Ohne ihn wäre nie ein Buch entstanden.

Noch eine Bemerkung zu den Texten: Mir ist eine gendergerechte Sprache wichtig, auch wenn dies wegen der Lesbarkeit nicht immer einfach ist. Deshalb weise ich extra darauf hin: Wenn ich von „der Führungskraft" spreche, dann meine ich sowohl weibliche als auch männliche Personen, ebenso bei den Begriffen „Mitarbeitende" und „Teilnehmende".

Wien, September 2020 Rainer Kinast

1 Kulturarbeit – ein kurzer Überblick zur Orientierung

In der Ouvertüre eines Musicals, eines Films oder einer Oper werden im Vorspiel die wichtigsten Melodien des Werkes zu einem spannenden Überblick zusammengefasst. Damit werden die Zuhörenden bereits mit Kennmelodien vertraut gemacht, das Interesse und die Erwartungshaltung für das Kommende steigt und damit die Bereitschaft, sich auf das Gesamtwerk einzulassen. In diesem Sinne verstehe ich dieses erste Kapitel, bei dem ich sehr kurz und prägnant einen Überblick über Kulturarbeit skizziere und zu diesem Buch Hintergründe, Zielsetzungen und Aufbau erläutere. Damit drückt sich auch die Hoffnung aus, dass die Erwartungen von Leserinnen und Lesern steigen und die Vorfreude auf die Lektüre wächst. Grundsätzlich wird dieses Buch als Anregung dafür verstanden, im eigenen Verantwortungsbereich einen eigenen Weg einer strukturierten Werte- und Kulturarbeit zu gehen.

1.1 Management und Kulturarbeit

1.1.1 Zum Verständnis von Werte- und Kulturarbeit

Die Kultur in einem Unternehmen ist der Ausdruck dafür, welche Wertehaltungen der Führungskräfte und der Mitarbeitenden für die Kunden, Partner und für die Mitarbeitenden selbst konkret erlebt werden. Kulturprägend sind vor allem gelebte Werte auf den unterschiedlichsten Beziehungsebenen: Wie wird mit den Aufgabenstellungen umgegangen, wie gehen die Kolleginnen und Kollegen untereinander und mit anderen Abteilungen um, wie wird die Beziehung zu Kunden und anderen externen Personen und Institutionen erlebt. Wenn es eine Kultur gibt, die sich sowohl an den Menschen als auch an der Produktivität orientiert, dann kann sie in der täglichen Arbeit wie Schmieröl sein, das die gemeinsame Arbeit leichter von der Hand gehen lässt. Eine kontraproduktive Kultur ist dagegen wie blockierender Treibsand im Getriebe.

Von daher hat eine gute Kultur – was auch immer unter „gut“ verstanden wird – eine zentrale Bedeutung fürs Management. Kultur ist nicht einfach mach- und steuerbar. Sie entsteht durch konkrete Menschen. Diesen Menschen sollte man das kulturelle Gestaltungsfeld nicht einfach überlassen. Auch wenn die Wege nicht einfach sind, sollten das Management und die Führungskräfte auf die gelebte Kultur Einfluss nehmen, damit nicht negative Kräfte die alltägliche Arbeitsatmosphäre bestimmen. Kulturarbeit ist aber eine eher mittelfristige bzw. langfristige Arbeit; die Auswirkungen der Maßnahmen brauchen Zeit, bis sie erlebbar und sichtbar werden. Um dabei erfolgreich zu sein, braucht es beide Ansätze von Kulturarbeit:

Eine ergebnisorientierte Vorgangsweise mit gezieltem Einsatz von Projektmanagement-Tools inklusive Ergebnisevaluierungen. Dieses „Wertemanagement“ sichert Ergebnisse und lässt die Kulturarbeit konkret und damit sichtbar werden. Es braucht aber auch Prozesse und Maßnahmen, in denen die Haltungen der Führungskräfte und Mitarbeitenden bewusstgemacht, gestärkt und geformt werden. Bei dieser Form von „Werte- und Kulturarbeit“ sind die Ergebnisse nicht unmittelbar nachweisbar. Mittelfristig sind diese Bewusstseinsprozesse die Substanz für die erfahrbare Kultur, weil es eben die einzelnen Menschen sind, die die alltägliche Kultur prägen. Wie sie aber die Kultur prägen, bleibt offen. Da braucht es ein kräftiges Stück Vertrauen in die Menschen.

1.1.2 Die Chancen einer gezielten Arbeit an der Führungskultur

Führungskräfte sind Schlüsselkräfte für eine gelebte Wertekultur. Grundsätzlich ist die zentrale Fragestellung: Wozu soll ein Management Geld und Personalressourcen für eine gute Führungskultur investieren? Sind die investierte Zeit und damit die Finanzen es auch wert? Welchen Nutzen kann das Unternehmen und damit das Management von diesen Investitionen erwarten?

Wenn es gelingt, im gesamten Unternehmen und auf allen Hierarchieebenen eine gute Führungskultur zu implementieren, die es ermöglicht, dass sich die einzelnen Mitarbeiterinnen und Mitarbeiter eigenverantwortlich mit Freude engagieren und dabei das gesamte Unternehmen im Blick haben, dann können z. B. folgende Gewinne der Kulturarbeit zum Tragen kommen:

- Das vorhandene Potenzial der Mitwirkenden wird gut genutzt.
- Eine gute Stimmung hilft im Alltag, vor allem aber in Krisenzeiten.
- Die Ergebnisse – auch die Finanzergebnisse – stimmen und die Kundinnen und Kunden sind zufrieden.
- Am Personalmarkt, auf dem fachliche Kräfte schwer umworben sind, hat das Unternehmen als attraktiver Arbeitgeber einen klaren Vorteil. Enga-

gierte Mitarbeitende binden sich gerne an das Unternehmen, die Stabilität in den Teams wirkt sich positiv auf die Ergebnisse aus.
- Führungskräfte, die im Normalfall sehr unter Druck stehen, werden entlastet und haben für ihre eigentlichen Führungsaufgaben einen freien Kopf.

Dieses „leuchtende Wozu" einer strukturierten Kulturarbeit (Was bringt uns die Kulturarbeit?) im Blick zu haben, stärkt die Entschlossenheit, konsequent an dieser Wertearbeit dranzubleiben.

1.1.3 Mögliche Schritte einer Kulturarbeit mit Führungskräften

Um eine bestimmte beabsichtigte Kultur zu implementieren, sind folgende Vorgangsweisen und Maßnahmen zu empfehlen:

Strukturen der Werte- und Kulturarbeit schaffen: Damit das Thema, wenn es eine Wichtigkeit haben soll, am Leben erhalten bleibt, braucht es klare Zuständigkeiten und Verortungen im Organigramm. Dabei ist beim Schaffen von Strukturen einiges zu beachten (s. Kap. 7).

Definition der beabsichtigten Kultur und Klären des gemeinsamen Menschenbildes: Welche Kultur gewollt wird, dazu braucht es eine Definition des Kultur- oder Werteprofils (s. Unternehmenswerte in Kap. 2). Unternehmen tun sich hier leichter, wenn hinter den definierten Werten ein gemeinsames Menschenbild steht, von dem sich die Werte ableiten. Insofern braucht es hier gute Prozesse, damit sich alle Hierarchieebenen mit der definierten Zielkultur auch identifizieren (s. „Die Kunst des Führens in der Werte- und Kulturarbeit" in Kap. 2, Definition von kulturellen Aspekten in Kap. 4).

Umsetzungen top down: Dazu braucht es Planungen von ergebnisorientierten Maßnahmen und auch von Prozessen, in denen die Identifikation mit der gewollten Führungskultur und die Motivation dafür gehoben wird (s. vorwiegend in Kap. 5). Es hat sich sehr bewährt, bei der Umsetzung mit der obersten Geschäftsleitung zu beginnen.

Arbeiten an den Führungspersönlichkeiten: Wertehaltungen haben etwas mit der Persönlichkeit zu tun. Das Eingreifen in die Persönlichkeit im Arbeitsalltag ist aber im Normalfall tabu. Deshalb stärken Prozesse mit Wertediskussionen und Workshops zur Reflexion der persönlichen Wertevorstellungen die Sensibilität für Wertethemen und formen die Haltungen. (S. Kap. 2 „Existenzielles Werteverständnis in Unternehmen", Kap. 3 „Verantwortung mit der existenziellen Brille", Kap. 5 und Kap. 6.)

Den Nährboden von Wertehaltungen lebendig halten: Es braucht Prozesse, bei denen den Führungskräften und Mitarbeitenden bewusst wird, woraus sie ihre Wertehaltungen tatsächlich schöpfen und woraus sie in Zukunft schöpfen wollen. Dabei nähern wir uns dem Thema „Spiritualität" im weitesten Sinne an (s. Kap. 6).

Nachweisbare Ergebnisse einer intendierten Wertekultur durch Werteprojekte: Vieles kann mit einem soliden Projektmanagement erreicht und evaluiert werden. Diese Projektarbeit ist aber in diesem Buch weniger Thema.

1.2 Zu diesem Buch

1.2.1 Weitergabe von Erfahrungen

Ich möchte in diesem Buch nicht theoretisch schwärmen, wie es sein sollte, sondern von konkreten Erfahrungen berichten. Theoretische Hintergründe sollen verständlich machen, warum bestimmte konkrete Maßnahmen und bestimmte Orientierungslinien gesetzt wurden. Ich blicke auf spannende dreizehn Jahre in der Funktion der zentralen Stabsstelle „Wertemanagement" in der Vinzenz Gruppe[1] zurück. In dieser Unternehmensgruppe haben wir – Geschäftsleitung, Krankenhausleitungen und Führungskräfte – gezielt an einer guten Führungs- und Unternehmenskultur gearbeitet, Unterschiedliches probiert, von manchen Fehlern oder Umwegen gelernt, aber auch Erfolge gefeiert. Darüber hinaus konnte ich über einige Jahrzehnte als Berater von sozialwirtschaftlichen und vereinzelt Profit-Unternehmen Organisationsentwicklungsprozesse begleiten. Das Thema „Werte- und Kulturarbeit" ist in den letzten Jahren in den Vordergrund gerückt. Parallel zu diesen beiden Tätigkeiten machte ich als Geschäftsführer einer kleineren Pflegeeinrichtung nach einer Sanierung in gezielter Aufbauarbeit die Erfahrung, dass Wertearbeit in all den Veränderungsprozessen stets implizit mitgedacht werden muss.

Das Spannende an meinen Erfahrungen war, dass die Vinzenz Gruppe zwar eine christliche Organisation war, der Großteil der Mitarbeitenden aber weder eine kirchliche Sozialisation noch ein Verständnis für traditionell christliche Begriffe hatte. Deswegen befanden wir uns in einem laufenden Suchprozess: Wie gelingt es, Zugänge zu einer christlichen Kultur zu finden, zu denen wir auch die Zustimmung vom Großteil der Mitarbeitenden erhalten? Wie gelingt es, Zugänge für eine christliche Spiritualität zu eröffnen, die

1 Die Vinzenz Gruppe ist ein österreichisches Gesundheitsunternehmen mit dem Schwerpunkt Krankenhäuser. Die Einrichtungen befinden sich in Wien und in Oberösterreich. www.vinzenzgruppe.at.

auch für den Arbeitsalltag relevant und nachvollziehbar ist? Wie gelingt es, Menschen mit unterschiedlichsten Hintergründen gut in ein gemeinsames Boot zu holen?

Bei diesem Suchprozess waren folgende drei Hintergründe sehr hilfreich: 1. Ein breiter Wissens- und Erfahrungsschatz von Organisationsentwicklung und Management. 2. Das Menschenbild und die konkreten Ansätze der Existenzanalyse[2] und deren Weiterentwicklungen für Organisationen. 3. Die Erfahrungen einer gesunden christlichen Spiritualität, vorwiegend geprägt von dem Gründer der Jesuiten Ignatius von Loyola. Die Kombination aller drei Hintergründe hat den Such- und Entwicklungsprozess gemeinsam mit jeweils sehr pragmatisch denkenden Führungskräften fruchtbar werden lassen.

1.2.2 Zielsetzungen des Buches

Ich wollte immer schon ein Buch schreiben. Früher lag die Motivation darin, mich mit einem Buch bekannt zu machen und mein Beratungsgeschäft anzukurbeln. Diese Absicht hat sich altersbedingt verändert. Ich möchte einfach konkrete Erfahrungen als Anregung und Ermutigung weitergeben. So verfolge ich mit dem Verfassen des Buches folgende Zielsetzungen:

- Grundsätzliches Know-how von Werte- und Kulturarbeit in Organisationen vermitteln: Mit konkreten Geschichten und theoretischen Skizzen sollen die Chancen einer Kulturarbeit, aber vor allem konkrete Vorgangsweisen und Methoden aufgezeigt werden. Dabei möchte ich pragmatische Ansätze beschreiben, die sich auch bewährt haben.
- Die Bedeutung von Führungskultur transparent machen: Grundsätzlich ist Führungskultur nur ein Teil einer Unternehmenskultur, aber ein sehr wesentlicher. Führungskräfte sind Schlüsselkräfte für die Unternehmenskultur und damit zentrale Kulturstiftende. Deswegen wird der Fokus auf Führungskultur gelegt. Über das weitere Wertemanagement und Werteprojekte der Vinzenz Gruppe verweise ich auf andere Literatur.[3]
- Wege zur Förderung von Verantwortung skizzieren: Ich möchte aufzeigen, wie gerade in größeren Organisationen eigenverantwortliches Engagement gefördert und gestärkt werden kann, auch wenn viele strategische Entscheidungen auf der obersten Führungsebene ohne Beteiligung der Basis rasch entschieden werden müssen. Aktuell beobachte ich, dass diesem Thema ein hohes Interesse entgegengebracht wird.

---

2 Die Existenzanalyse ist eine psychotherapeutische Richtung, die Viktor Frankl begründet und Alfried Längle weiterentwickelt hat. Von einigen Unternehmensberatern wurden die existenzanalytischen Ansätze für die Arbeit in Unternehmen und für Organisationsentwicklungen weitergedacht. Zur Psychotherapie www.existenzanalyse.org.

3 Kinast 2014.

- Zu dem Mehrwert von christlicher Spiritualität hinführen: Für alle Interessierte soll in diesem Buch auch erklärt werden, wie all die angeführten pragmatischen Ansätze einen Bezug zum christlichen Hintergrund haben. Ein Verständnis von einer weltoffenen christlichen Spiritualität und deren pragmatischem Mehrwert für die Führungsarbeit wird – als Anregung und als Angebot – dargestellt.

Damit beabsichtige ich zwei Lesergruppen anzusprechen:

- Menschen, die daran interessiert sind, sich an konkreten Beispielen anzusehen, wie die Entwicklung und eine nachhaltige Implementierung einer bestimmten Führungskultur geschehen kann, und die dafür offen sind, diese Beispiele auf ihre eigene Situation bzw. Wertevorstellungen zu übersetzen. Ich vermute, dass sich viele Leserinnen und Leser mit den meisten Werten der angeführten Beispiele auch identifizieren können.
- Weiters möchte ich Verantwortliche und Mitarbeitende von christlichen Unternehmen erreichen und ermutigen, selbst einen strukturierten Prozess anzugehen, um ihre „christliche Kultur" zu vertiefen und zu verankern.

1.2.3 Überblick über den inhaltlichen Aufbau des Buches

Kulturarbeit ist immer Wertearbeit. Deswegen soll geklärt werden, welche unterschiedlichen Wertebegriffe bei einer Kulturarbeit mitschwingen und welche Motivationskraft im Arbeiten mit Werten liegt. Das Spannende ist aber die Kunst des Führens, wie persönliche Wertvorstellungen und Unternehmenswerte zusammengeführt werden und so ein Unternehmen auch ein kulturelles Profil bekommen kann. In diesem ersten Schritt werden bereits konkrete Erfahrungen und praktische Methoden in der Werte- und Kulturarbeit angeführt (Kap. 2).

Welche Werte bei einer Kulturentwicklung Priorität bekommen, hängt stark von der aktuellen Situation, aber auch vom gemeinsamen Menschenbild ab. In vielen Unternehmen und in der aktuellen Managementliteratur bekommt „Eigenverantwortliches Handeln von Mitarbeitenden" einen zentralen Stellenwert, weil sich damit Zukunftschancen eröffnen können. So wird als Beispiel für eine strukturierte Kulturentwicklung im Kapitel 3 beschrieben, was unter Eigenverantwortung zu verstehen ist und welche Chancen damit verbunden sind. Damit können sowohl die Erwartungen an Mitarbeitende und an Führungskräfte klarer formuliert werden.

Wenn ein situativer Zielwert einer Unternehmenskultur definiert ist, ist es Führungsarbeit, Voraussetzungen für diese Kultur zu schaffen. Daraus leiten sich Aspekte der Führungskultur ab. Kapitel 4 verstehe ich als ein theoretisches Herzstück des Buches, weil es Führungskräften vermitteln soll, worauf sie selbst bei ihrer eigenen Führungsarbeit achten und woran sie konkret arbeiten sollen. Diese ausführlichen Beschreibungen haben in der praktischen Arbeit in der Vinzenz Gruppe und in den Beratungstätigkeiten bei Führungskräften stets hohe positive Resonanz erhalten und sind als Grundlage für die pragmatischen Ansätze der folgenden Kapitel zu verstehen. So hoffe ich, dass auch die Leserinnen und Leser in diesem Teil viele konkrete Anregungen für ihren Führungsalltag finden.

Auf all den bisher beschriebenen Hintergründen werden im Kapitel 5 eine Fülle von konkreten Maßnahmen und Methoden geschildert, die sich bei der nachhaltigen Implementierung einer intendierten Führungskultur bewährt haben. In diesem Teil wird klar: Wenn einem Management der Nutzen und der Gewinn einer gelebten Unternehmens- und Führungskultur groß genug ist, dann braucht es Investitionen, die meist vor allem Personalressourcen binden. Aber: Die investierte Zeit muss sich lohnen, dem Management wird es dieser Zeit- und Finanzaufwand wert sein. Darum werden hier bewährte Maßnahmen ausführlich beschrieben.

Im Kapitel 6 wird der Überzeugung Rechnung getragen, dass christliche Spiritualität einen Mehrwert für die Kultur- und Führungsarbeit bringt. Hier möchte ich ganz klar betonen: Mit diesem Kapitel möchte ich niemanden „missionieren". Es wird eine einfache Skizze geboten, was unter Spiritualität verstanden wird und wie Wertearbeit und Spiritualität zusammenhängen. Auf Grund meiner Erfahrungen erwarte ich, dass auch nicht-religiöse Führungskräfte brauchbare Anregungen bei den „pragmatischen Zugängen zu einer persönlichen Spiritualität" vorfinden werden. Wem die Beschreibung des „Lebensmodells von Jesus" zu ausführlich ist, kann diese überspringen oder „überfliegen".

Als letzter wesentlicher, aber für eine Kulturarbeit entscheidender Beitrag wird im Kapitel 7 kurz auf die Notwendigkeit von Strukturen im Organigramm hingewiesen und eine sinnhafte Zuordnung der Verantwortung für die Implementierung einer Führungskultur beschrieben. Dabei werden ebenfalls konkrete Beispiele von unterschiedlichen Unternehmen angeführt.

Im Kapitel 8 wird ein Spezialthema abgehandelt, was unter spirituellem Reifungsprozess eines einzelnen Menschen bzw. einer Organisation zu verstehen ist und wie sich die Deutung von diesem auf die Führungskultur auswirkt. Dieses spezielle Kapitel setzt das Verständnis der vorigen Kapitel voraus.

2 Werte und Kultur in einem Unternehmen

Das Verständnis von „Unternehmenskultur“ ist in der Literatur sehr breit gestreut,[4] aber oft für den konkreten Führungsalltag nicht sehr hilfreich. „Kultur“ leitet sich ursprünglich vom Ackerbau ab, bei dem der Mensch aus dem Gegebenen der Natur etwas Neues und für ihn Lebenswertes erarbeitet. In diesem Buch wird unter „Unternehmenskultur“ stets Folgendes verstanden: *Kultur sind „gelebte Werte“*.[5] In Leitbildern oder Internetseiten diverser Firmen liest man häufig programmatisch „Unsere Werte“ beschrieben. Wenn Kunden und andere externe Personen diese Werteerklärungen gelesen haben und mit dem Unternehmen in Kontakt kommen, dann staunen sie entweder, weil sie als Externe positiv erfahren, dass sie diese angekündigten Wertehaltungen im Kontakt mit den Mitarbeitenden tatsächlich erlebt haben, oder aber sie kritisieren, dass ihr Leitbild nur ein Werbegag ist. In Seminaren begegne ich immer wieder dem kritischen Potenzial der Teilnehmerinnen und Teilnehmer, weil die Werteansagen der Realität nicht entsprechen. Vermutlich wird es immer eine Spannung geben zwischen der offiziell beabsichtigten Wertekultur (*intendierte Kultur*: „Diese Werte wollen wir leben“) und der tatsächlich von den handelnden Personen gelebten und erlebten Kultur (*reale Kultur*).

Kritische Rückmeldungen von Mitarbeitenden können eine Chance sein, um die Wertevorstellungen zu präzisieren und an der Konkretisierung der intendierten Kultur zu arbeiten. Grundsätzlich sollten alle in einem Unternehmen mit einem differenzierten Blick wahrnehmen, wann und wer angekündigte Wertehaltungen auch im Alltag lebt und wann bzw. wer diesen Vorgaben nicht entspricht. Das ist für eine Weiterentwicklung einer glaubwürdigen

---

4 S. u. a. Kinast/Milz 2013, S. 19.
5 Kinast/Milz 2013, S. 20, S. 26.

Wertekultur hilfreich. Aus meiner Erfahrung sind letztlich die Geschäftsführung und die Leitenden die Letztverantwortlichen für eine gute Unternehmenskultur. Sie können zur eigenen Unterstützung wohl Stabsstellen und Arbeitskreise installieren, aber ihre Verantwortung nie an diese Funktionen abgeben. Diese Verantwortung werden sie umso entschlossener wahrnehmen, desto klarer sie einen Nutzen und einen Gewinn für das Unternehmen sehen. Beispiele für ein „leuchtendes Wozu" – also für mögliche attraktive Nutzen von Kulturarbeit – wurden bereits im Kapitel 1 unter „Chancen einer gezielten Arbeit für die Führungskultur" angeführt.

Aber was verstehen wir unter „Werten"? Werte haben einen hohen Stellenwert, weil sie dem Einzelnen Orientierung geben, was er tun und wie er es tun soll. Werte sind Orientierungspunkte für das Handeln, weil sie das sind, was einem „wirklich, wirklich, wirklich wichtig ist" (Definition von „Werte" von Clemens Sedmak[6]). Bei einer genauen Betrachtung fällt auf, dass unterschiedliche Wertebegriffe im Spiel sind, wenn wir von Kulturarbeit in Unternehmen sprechen. Was einzelne Menschen für sich als persönliche Werte bezeichnen und erleben, ist ein anderes Verständnis als jene Werte, die ein Unternehmen als Orientierung für Mitarbeitende definiert. Im Folgenden werden die unterschiedlichen Zugänge zu Werten erklärt und deren pragmatische Bedeutungen für den Führungsalltag an Hand von Beispielen erläutert.

2.1 Existenzielles Werteverständnis in Unternehmen

In dem Wort „existenziell" steckt der lateinische Begriff „ex-sistere", der so viel bedeutet wie: hervortreten, auftauchen, erscheinen, sich zeigen. Existenzielle Werte sind damit Werte, die sich einerseits dem einzelnen Menschen zeigen und andererseits motivieren, dass jemand aus einer abwartenden Haltung heraustritt und von sich aus zeigt, was ihm wichtig und wertvoll ist. Dahinter steht ein dialogisches Verständnis von Existenz – von der Begegnung der Person mit ihrem Umfeld.

2.1.1 Existenzieller Dialog mit dem Leben

Viktor Frankl hat in der Zwischenkriegszeit als Arzt und Psychiater schwerpunktmäßig mit suizidalen Menschen, die mit dem Schicksal gehadert oder keinen Sinn in ihrem Alltag gesehen haben, gearbeitet und sie begleitet. Aus diesen Erfahrungen entwickelte er ein eigenes Konzept, wie man mit dem

6 Vortrag von Dr. Clemens Sedmak zur Feier „10 Jahre Vinzenz Gruppe".

Leben in schwierigen Umständen umgehen kann. Während des Zweiten Weltkriegs wurde er von den Nationalsozialisten deportiert und musste drei Jahre in verschiedenen Konzentrationslagern verbringen. Dieses Konzept hat ihm dabei geholfen, nicht aufzugeben und zu überleben. Sein wesentlicher Ansatz besteht in einer besonderen Weise des Dialogs, mit dem wir uns dem Alltag stellen und uns mit diesem auseinandersetzen. Nicht wir sind es, die das Leben fragen „Warum? Wieso?" und „Was ist der Sinn davon?". Es ist das Leben, das uns Fragen stellt und uns infrage stellt. Diese veränderte Sichtweise beschreibt Frankl als „kopernikanische Wende"[7], in der Menschen begreifen, dass sie auf ihre Sinnfragen keine Antworten erhalten und dass sie mit ihren konkreten Antworten dem Leben Sinn geben können.

„Wir sind es, die in Frage gestellt werden,
und wir sind es, die die Antworten zu geben haben."
(Viktor Frankl)

Abbildung 1: „Existenzielle Wende – Verantwortung – dem Leben Sinn geben" nach Viktor Frankl

Die existenzielle Wende bezeichnet eben diese veränderte Haltung: Jemand sucht in einer fraglichen Lebenssituation, was jetzt in dieser Situation „wert" ist und als sinnvolle Antwort auf die Frage des Lebens sich erweisen könnte. Er sucht nach sinngebenden Werten. Frankl beschreibt drei Arten von Werten, die dem Menschen Wege zur Sinnfindung eröffnen: schöpferische

7 Frankl 1987, S. 96: „... dann müssen wir der Frage nach dem Sinn eine kopernikanische Wendung geben: Das Leben selbst ist es, das dem Menschen Fragen stellt. Er hat nichts zu fragen, er ist vielmehr der vom Leben her Befragte, dem Leben zu antworten – der das Leben zu ver-antworten hat."

Werte, Erlebniswerte und Einstellungswerte[8]. Vor allem die ersten beiden sind für den Führungsalltag von Bedeutung. Frankl selbst hat diese Wertebegriffe nicht näher definiert. Alfried Längle, ein Schüler von Frankl, hat das „Wertefühlen" und „Werteerleben" näher beschrieben und die Bedeutung von existenziellen Werten weiterentwickelt.

2.1.2 Schöpferische Werte

An einem Beispiel soll hier die Bedeutung dieses Begriffs fürs Führungskräfte erläutert werden: Ein Zivildiener (Zivildienstleistender), der in einer Gesundheitseinrichtung arbeitete und wegen seiner „lockeren" Arbeitshaltung mit seiner Vorgesetzten im Betrieb laufend in Konflikt geriet, schrieb nach Beendigung seines Dienstes einen Beschwerdebrief an die Zivildienstbehörde, in dem er eine Liste von angeblichen Missständen des Hauses aufzeigte. Fast überfallsartig gaben sich unterschiedlichste Abteilungen verschiedenster Behörden die Klinke in die Hand, um die angezeigten Missstände zu überprüfen. Auch wenn sich die meisten Kritikpunkte als nicht haltbar herausstellten, war die Leitung der Einrichtung über Wochen mit der Aufarbeitung dieser Anzeige beschäftigt. Dabei wurden durchaus einige Entwicklungsfelder sichtbar. Nach vielen Gesprächen und neuen Maßnahmen überlegte das Leitungsteam der Einrichtung bei einer Zwischenreflexion: Worum soll es uns in nächster Zeit gehen und wofür lohnt es sich in dieser Situation, nun unsere Zeit und Energie zu investieren? Aus einer Liste von gesammelten Anliegen hatte folgender „schöpferische Wert" von allen die Zustimmung erhalten: „Wir wollen diese Situation, in der die behördliche Öffentlichkeit auf unser Team genau schaut, nutzen, um die konstruktive und wertschätzende Kommunikationskultur im Team zu vertiefen und nachhaltig zu verankern!" Die Verantwortlichen einigten sich darauf als eine vorrangige Chance, die ihnen eine sinnvolle Perspektive eröffnet und bei ihnen selbst neue kreative Energie provozierte. Eine Reihe von Ideen wurde rasch geboren und mit einer humorvollen Leichtigkeit wurde ein Konzept der nächsten Schritte entwickelt.

An diesem Beispiel lässt sich der psychologische Vorgang gut erklären, wie etwas zu einem „schöpferischen Wert" wird und was darunter zu verstehen ist: Das Team sammelt mit einer phänomenologischen Offenheit, welche möglichen Alternativen sich in dieser Situation eröffnen. Mit „phänomenologischer Offenheit" wird jene Haltung beschrieben, bei der jemand sich von Muss- und Sollte-Vorstellungen loslöst und bereit ist, sich auf entstehende Ideen, die sich im Gespräch zeigen (Phänomen = das, was sich mir zeigt)

---

8 Frankl S. 81ff.

einzulassen. In dieser Haltung haben in dem obigen Beispiel die Verantwortlichen des Teams nicht nur verstandesmäßig nach einer sinnhaften Perspektive gesucht, sondern auch das, was in ihrem Inneren eine freudige Resonanz auslöst, wahrgenommen. In der folgenden Skizze wird dies vereinfacht mit einem freudigen „Oh!" dargestellt. Dieses belebende Berührtsein macht aber noch keinen schöpferischen Wert aus. Etwas wird dann zum schöpferischen Wert, wenn es in der Person auch eine Zustimmung provoziert, die für diese Sache etwas tun will. Wie durch eine magnetische Kraft wird eine Person von diesem Anliegen angezogen und mobilisiert ihre Kreativität! Noch mehr: Diese Sache, für die es wert (!) ist sich einzusetzen, bekommt eine hohe Priorität, sodass die betroffene Person sogar bereit ist, für deren Verwirklichung einen „Preis" zu zahlen. Es ist ein entschlossenes Ja, denn es lohnt sich, viel Energie und viel Zeit dafür zu investieren und auch manche Unannehmlichkeiten in Kauf zu nehmen.

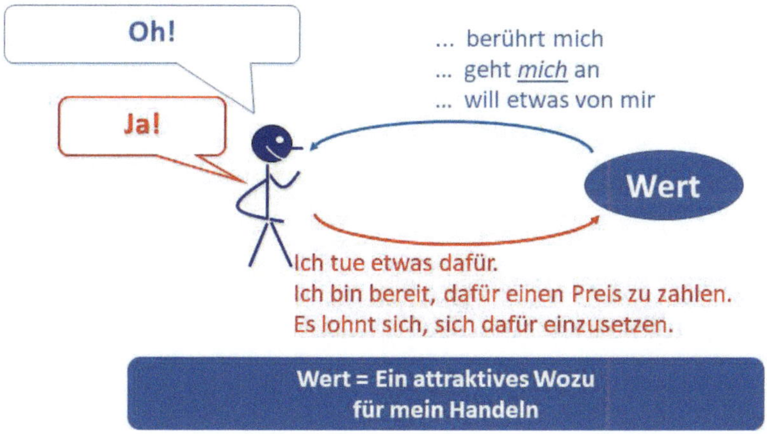

Abbildung 2: Etwas wird zum schöpferischen Wert

Letztlich geht es beim schöpferischen Werten um eine Beschreibung, wie Motivation bei Führungskräften und Mitarbeitenden entsteht: Eine Sache oder ein Anliegen zieht mich in ihren Bann, sodass ich einfach bewegt werde, mich dafür einzusetzen. Sie spricht mich an bzw. sie geht mich an – im doppelten Sinn des Wortes, denn ich bin gemeint und kann fast nicht ausweichen. Vernunftmäßiges Abwägen ist sinnvoll, doch wissen wir, dass für unterschiedliche Alternativen sich Argumente finden lassen. Ein schöpferischer Wert hat sowohl die Kraft der Vernunft als auch die Entschlossenheit der inneren Zustimmung. Dass aber eine Person in dieser Weise angesprochen wird, setzt voraus, dass sie ihre inneren Regungen wahrnehmen und spüren kann, *wie* etwas sie berührt. Manche Menschen brauchen dazu ein wenig Übung, um wieder Kontakt zu sich selbst zu bekommen.

Diese Spannung zwischen dem ersten Erspüren des schöpferischen Wertes und der zukünftigen Realisierung, die ja noch nicht geschehen ist, ist das, was als Sinn erlebt wird. Denn die betroffene Person weiß, wofür sie leben und wofür sie sich engagieren will.

Glücklich jedes Unternehmen, dessen Führungskräfte Entscheidungen auf Basis von logischen Argumenten *und* wachem Gespür für das situativ Wertvolle treffen. Glücklich jede Führungskraft, deren Mitarbeitende gewohnt sind, das anzusprechen und zu thematisieren, was sie bewegt und wofür es sich für sie lohnt, sich zu engagieren.

2.1.3 Erlebniswerte

Das Bild eines Erlebniswertes ist dem vom schöpferischen Wert sehr ähnlich. Dabei kann es um ganz banale Erfahrungen gehen oder aber auch um große Erfolge, die aber nicht in der eigenen Hand liegen. Es geht um Erlebnisse, die mir zufallen und meiner Seele einfach guttun und so das Leben lebenswert machen. Dazu vier einfache Beispiele:

Herr A läuft zum Bahnhof und freut sich, dass der Zug, den er erreichen will, noch am Bahnsteig steht. So kann er den Termin am anderen Ort pünktlich wahrnehmen. Allerdings täuscht er sich, der Zug fährt ab, bevor er einsteigen kann. Jetzt steht er mit seiner Enttäuschung am Bahnsteig mit dem Wissen, dass er eine halbe Stunde auf den nächsten Zug warten muss. Plötzlich wird ihm bewusst, dass er – nach Wochen grauer Wintertage – von der Sonne angestrahlt wird. Er atmet durch und freut sich, dass er jetzt 30 Minuten die warmen Strahlen im Gesicht genießen kann.
Frau B führt ein Gespräch mit einem Mitarbeiter, mit dessen Leistung sie in letzter Zeit sehr unzufrieden ist. Sie hat ihn bereits einige Male mit ihrer Kritik konfrontiert, dabei hat er trotz ihrer geschickten Gesprächsführung jeweils abgeblockt. Doch diesmal verläuft die Auseinandersetzung überraschenderweise konstruktiv, der Mitarbeiter nimmt ihre Anliegen interessiert auf und bringt selbst Vorschläge zur Verbesserung seiner Ergebnisse. Danach bleibt Frau B noch ein paar Minuten bei ihrem Schreibtisch stehen und freut sich, dass sie ihren Mitarbeiter heute ganz anders erlebt hat – offen und entgegenkommend. Diese paar Minuten braucht sie, um diesen positiven Eindruck bei sich zu realisieren, auch wenn ihr klar wird, dass es nicht ihr alleiniges Verdienst ist.

Am Höhepunkt der Covid-19-Pandemie fehlen Schutzausrüstungen für medizinisches Personal. Herr C, der Leiter einer Pflegeorganisation, steht vor der Herausforderung, vertraglich zugesagte Ausrüstungen nicht geliefert zu bekommen. Unerwarteterweise erhält der Leiter einen Anruf von der Geschäftsleitung einer Krankenhaus-Gruppe mit dem Angebot, Schutzausrüstungen zur Verfügung zu stellen. Das Telefonat verläuft mit viel Wertschätzung und Hilfsbereitschaft. Nach diesem Gespräch schenkt er sich einen Kaffee ein, atmet einige Male durch und staunt darüber, wie dieses Gespräch seine Stimmung schlagartig verändert hat.
Frau D fährt mit dem Auto von dem einen Arbeitsplatz zum anderen. Normalerweise nutzt sie die Autofahrten, um anstehende Telefonate zu führen. Diesmal dreht sie das Radio auf und hört eine kräftige und beschwingte Musik! „Oh, das tut mir gut!" sagt sie laut und beschließt, statt zu telefonieren diese Musik zu genießen. Bevor sie aussteigt, blieb sie noch ein paar Sekunden im Auto sitzen, nimmt ihre gehobene Stimmung in sich wahr und denkt sich: „Das war jetzt wirklich gut!"

Analysieren wir nun diese Erfahrungen auf der Metaebene: Im Unterschied zum schöpferischen Wert fehlt hier die Entscheidung, sich für etwas einsetzen zu wollen. Sondern es passiert etwas, das bei der jeweiligen Person einen Eindruck hinterlässt, der ihr gut tut und sie zuversichtlich macht. Der wesentliche Beitrag der betroffenen Personen („betroffen" auch in dem Sinn: Das Erlebnis trifft ohne viel Zutun und wirkt auf sie) ist, das Erlebnis und die positive Resonanz in sich zu fühlen. Manche Menschen tun sich schwer, diese Gefühle und Eindrücke bei sich wahrzunehmen. Nachdem Gefühle und Stimmungen keine abstrakten Phänomene sind, kann es hilfreich sein, der Frage nachzugehen: Wo spüre ich diese positive Resonanz in meinem Körper? Im Brustraum, im Bauchbereich, in meiner Atmung oder in meinem gesamten Körper? Der aktive Beitrag der jeweiligen Person ist offensichtlich gering, die Wirkung groß: aufmerksam wahrnehmen, was um sich geschieht und wie diese Begegnungen mit Menschen und Sonstigem auf die eigene Stimmung wirkt.

Grundsätzlich sind es Begegnungen mit Menschen, Natur und Kunst, die einen aufbauend berühren und als wert- und sinnvoll erlebt werden. Darüber hinaus erfahren wir gerade in der Arbeitswelt viele nicht geplante Ereignisse, die unserer Seele gut tun. Was zusätzlich aktiv noch getan werden kann, ist, einen Raum zum Nachklingen zu schaffen, z. B. eine routinemäßige Zeit, um den Tag Revue passieren zu lassen, um bei den „Leuchten des Tages" nochmals ein wenig zu verweilen. Manche Menschen haben dazu ein Ritual entwickelt. Beispiele dazu werden im Kapitel 6 unter „2.2 Die wichtigste Viertelstunde" beschrieben.

Glücklich die Menschen, die auch im Arbeitsalltag sich von Begegnungen und Erfahrungen berühren lassen und solche wertvollen Erlebnisse bei sich wahrnehmen. Damit wird ihr Alltag „lebens-wert". Aus meiner Erfahrung ist das bewusste Wahrnehmen der Erlebniswerte für im Alltag sehr beschäftigte Menschen nicht nur aus psychohygienischen Gründen wichtig. Das Erspüren dieser Wertequalität ist für manche die Basis dafür, um schöpferische Werte erfassen und auf der Spur des Lebens bleiben zu können.

2.1.4 Einstellungswerte

Einstellungswerte im Sinne von Viktor Frankl sind im Normalfall für den Führungsalltag kaum von Bedeutung. Wenn weder schöpferische Werte noch Erlebnis möglich sind, dann kann für manche Menschen eine besondere Einstellung zum sinngebenden Wert werden. Einer schwerkranken Frau, die mit starken Schmerzen nur noch im Bett liegen, nichts mehr aktiv zum Gelingen des Lebens beitragen kann und nichts Lebenswertes erlebt, kann die Einstellung, dass sie mit Wohlwollen und Humor mit den Pflegepersonen umgehen möchte, noch einen tragenden Sinn geben. Diese Einstellungen entstehen meist durch Leiden daran, dass schöpferische und Erlebniswerte nicht mehr erlebbar sind. Ein wichtiger Grund, warum im Folgenden die Einstellungswerte keine besondere Berücksichtigung finden, ist der, dass aus meiner Erfahrung im unternehmerischen Alltag bei allen schöpferischen Werten und Erlebniswerten meist bereits bestimmte Einstellungen im Spiel sind.

2.1.5 Werte in Beziehung setzen

Moralische Werte sind Werte, die in einer bestimmten gesellschaftlichen Gruppierung einfach zu gelten haben. Unter existenziellen Werten (schöpferische Werte, Erlebniswerte, Einstellungswerte) verstehen wir etwas anderes: Etwas berührt mich in einer Weise, dass es zu einer lebenswerten Erfahrung wird; etwas bekommt für eine Person subjektiv Priorität, für das sie – eine Führungskraft, eine Mitarbeiterin oder ein Mitarbeiter – sich engagieren will. Grund dafür liegt in der Sache selbst, die die Person „angeht" und in ihr eine persönliche Zustimmung mit dieser doppelten Qualität provoziert: Dieser Wert wird sowohl mit der Vernunft erfasst als auch emotional als das vorrangig Attraktive erspürt. Im Sinne der Existenzanalyse sind Werte nicht nur aus Beziehungsthemen abzuleiten, sondern auf verschiedenen Ebenen zu erfassen. Das Vier-Faktoren-Modell der Themenzentrierten Interaktion (TZI)[9] kann helfen, dass eine Führungskraft einseitige Werteschwerpunkte vermeidet.

---

9 https://www.ruth-cohn-institute.org/tzi-konzept.html (1.9.2020).

Damit ein Team oder eine Organisation erfolgreich arbeitet, braucht es vier Faktoren, die miteinander gut ausgewogen sein sollen.

- Die einzelne Person dieses Teams (ICH)
- Die Gruppeninteraktion (WIR)
- Die gemeinsame Aufgabe (ES)
- Das Umfeld (GLOBE)

Diese vier Faktoren werden als Dreieck in einer Kugel dargestellt:

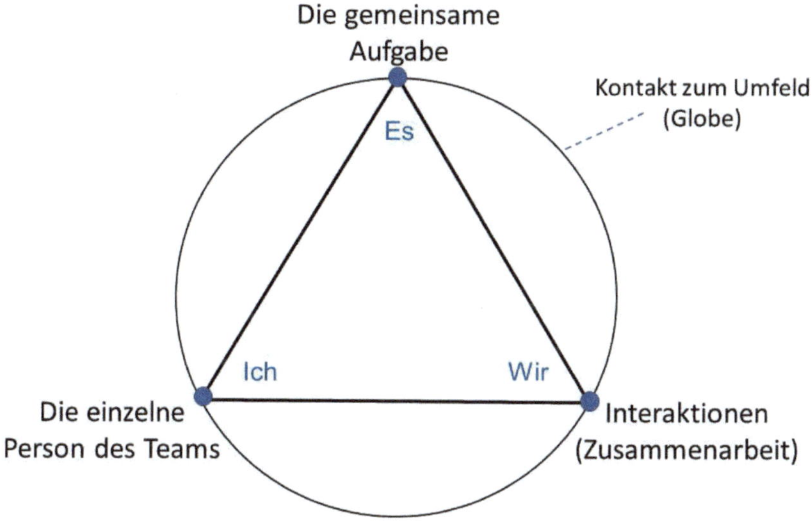

Abbildung 3: Das Vier-Faktoren-Modell nach Ruth Cohn („TZI-Dreieck“)

Führen heißt immer auch Entwickeln. Die Aufgabe der Führungskraft ist es, darauf zu achten, dass in der Entwicklung keine Einseitigkeiten entstehen und dass die Faktoren in einer „dynamischen Balance“ gehalten werden. Bei einer Werte- und Kulturarbeit ist ebenso wichtig, stets schöpferische Werte auf allen vier Ebenen im Blick zu haben. Wobei sich viel Dynamik nicht nur in den Ecken, sondern auch auf den Schenkeln des Dreieckes abspielt. Manchmal macht es für eine Führungskraft Sinn, den Alltag zu unterbrechen und eine Werteanalyse vorzunehmen, d.h. sich eine Liste von möglichen Entwicklungspotenzialen und schöpferischen Werten in Bezug auf die unterschiedlichen Ebenen aufzuschreiben, um daraus – ähnlich wie in dem oben genannten Fallbeispiel mit dem Zivildiener/Zivildienstleistenden – den situativen Wert (was bekommt in dieser Situation Priorität) zu erspüren und zu erfassen. So sind die Werte in Bezug auf die unterschiedlichen Faktoren zu setzen:

- Werte in Bezug auf die einzelne Person: Was braucht es, damit die Mitarbeitenden die Aufgabe gut bewältigen und sich in der Zusammenarbeit gut einfinden können? Passen die Kompetenzen und die Haltungen?
- Werte in Bezug auf die Gruppeninteraktion: Braucht es Veränderungen in den Abläufen, damit diese den Aufgabenanforderungen besser entsprechen? Was sollte getan werden, damit die Zusammenarbeit auch in Zukunft gut funktioniert?
- Werte in Bezug auf die Aufgabe: Braucht es Veränderungen in unseren Angeboten? Welche fachlichen Ziele sollten wir uns setzen?
- Werte in Bezug auf das Umfeld: Mit welchem Umfeld, mit welchen Menschen und Institutionen (innerhalb und außerhalb des Unternehmens) haben wir es zu tun? Mit welchen ist das Verhältnis gut und welche Kontakte sollten wie verändert werden? Worauf sollten wir in Zukunft besonderen Wert legen?

Um es nochmals auf den Punkt zu bringen: Kultur sind gelebte Werte. Was die einzelnen Menschen als Werte erfassen und leben, macht in Summe die erlebbare Kultur aus. Schöpferische und Erlebniswerte werden von einzelnen Personen persönlich erfasst. In ihnen liegt die Kraft der Motivation und des Engagements. Genau betrachtet können aber Werterfahrungen nicht verordnet werden. Ob einem Mitarbeiter etwas „wirklich, wirklich, wirklich wichtig ist", kann man nicht anschaffen.

Und trotzdem braucht es in Unternehmen einen gemeinsamen Nenner an Wertvorstellungen und Wertverwirklichungen. Betrachten wir deshalb im nächsten Schritt den Begriff „Unternehmenswerte" näher. Mit der Überschrift „Die Kunst des Führens" setzt sich der darauffolgende Teil mit der Frage auseinander: Wie kann das kraftvolle Potenzial der existenziellen Werte genutzt werden, um dem Unternehmen ein klares Werteprofil zu geben?

2.2 Unternehmenswerte

In einer gezielten Kulturarbeit sollte im ersten Schritt die angestrebte Zielkultur definiert werden: Welche Werte sollten die Mitarbeitenden des Unternehmens leben und erleben und welche Werte sollten Menschen außerhalb des Unternehmens – Kunden, Lieferanten und andere Partner – spürbar erfahren? Ziel wäre, in einem Werteprozess ein schriftliches Werteprofil zu entwickeln, das den Mitarbeitenden Orientierung gibt, damit sie wissen, worauf es in ihren Haltungen und in ihrem Verhalten ankommt. Wie so ein Werteprozess zu gestalten ist, darauf verweise ich an dieser Stelle auf allgemeines Know-how von Organisationsentwicklung.[10] Wer auch immer an diesem Prozess beteiligt ist – das endgültige Werteprofil ist von der Geschäftsleitung oder den Eigentümern freizugeben.

Werte, die für ein Unternehmen festgelegt werden, haben einen ganz anderen Charakter als existenzielle Werte. Unternehmenswerte sind ein verbindlicher Auftrag an alle Mitarbeitenden, denn mit diesen Auszeichnungsmerkmalen möchte ein Unternehmen am Markt ein klares Profil erhalten.[11]

Damit Unternehmenswerte den Mitarbeitenden eine klare Orientierung geben, sollten die Erwartungen an die Mitarbeitenden in einem Wertekatalog zusammengefasst und möglichst pragmatisch beschrieben werden. Ein definierter Wertekatalog sollte sich

- in den Haltungen der Mitarbeitenden,
- in ihrem Verhalten und
- in sichtbaren Strukturen, Abläufen und in der Organisation

widerspiegeln. Wenn z. B. „Transparenz" in einem Unternehmen ein verbindlicher Wert ist, dann sollten sowohl Führungskräfte als auch Mitarbeitende mit der Einstellung arbeiten, dass Informationen über Hintergründe, aktuelle Vorkommnisse, aber auch über gemachte Fehler die Zusammenarbeit erleichtern und Vertrauen schaffen. Diese Wertehaltung wird sich im konkreten Verhalten der Führungskräfte, die informieren, und der Mitarbeitenden, die mit nachfragendem Interesse Informationen aufnehmen, ihren Ausdruck finden. Dann braucht es aber auch Abläufe oder Strukturen, wie z. B. in bestimmten Intervallen stattfindende Informationsveranstaltungen der Geschäftsleitung, Jour fixe etc., damit dieser Wert auch glaubwürdig abgesichert wird.

Aus den Erfahrungen innerhalb der Vinzenz Gruppe, einem österreichischen Gesundheitsunternehmen, aber auch in der Begleitung von anderen Non-Profit- und Profit-Unternehmen hat sich bei der Definition von Werteprofilen Folgendes bewährt:

---

10 Vgl. Kinast/Milz 2013.

11 Bei dieser Gelegenheit sei auf das Grundlagenwerk „Das konfessionelle Krankenhaus" verwiesen. Der Autor erhebt in Studien, wodurch sich konfessionelle Häuser profilieren und geht der Frage nach, welche Bedeutung eine ethische Orientierung für ein Unternehmen haben kann, vgl. Fischer 2019.

Der Fokus soll auf wenige Werte gelegt werden. Damit eine Wertekultur Profil bekommt, reichen fünf bis sieben definierte Säulen oder Eckpfeiler der Kultur. Bei Wertebroschüren besteht die Gefahr, dass sie so grundsätzlich und allgemein gehalten sind, dass selbst der ärgste „Wertemuffel" irgendetwas von sich beschreiben kann, das einem gewünschten Wert entspricht. Somit geben unkonkrete Werteabsichten keine Orientierung für das gewollte Verhalten. Deshalb wird empfohlen, diese Werte in den konkreten Alltag zu „buchstabieren", um zu konkretisieren, was von den Mitarbeitenden erwartet wird.

Um verständlich das Gemeinte des Werteprofils zu kommunizieren, hat sich die Beschreibung von folgenden Ebenen eines Wertes bewährt:

- die erwartete Haltung,
- konkret Sichtbares in der Organisation und
- Beispiele von Verhalten.

Zur Erläuterung ein Beispiel des Werteprofils der Krankenhäuser der Vinzenz Gruppe[12]: Der Wert „Zuwendung" klingt vorerst nach einer „bloß" netten Absicht. Jede Pflegeperson und jeder Arzt wird mit gutem Gewissen sagen können, dass sie den Patientinnen und Patienten Zuwendung schenken. Manche Mitarbeitende werden aber mit gutem Grund behaupten, dass sie gerne diese Zuwendung leben würden, aber ihnen die Zeit dafür fehlt. Deshalb braucht es eine realistische Beschreibung, die präzisiert und das Gemeinte auf das realistisch Machbare eingrenzt. Unter *„Haltung"* wurde im Werteprofil der Vinzenz Gruppe deshalb beim Wert „Zuwendung" beschrieben, dass die Patientinnen und Patienten Halt und Orientierung erhalten und in ihrer Ausnahmesituation ihre Würde erleben sollen. Unter *„Sichtbares"* wurde der Wert dadurch konkretisiert, dass jede Abteilung jene neuralgischen Punkte während des Aufenthalts definiert, an denen Patientinnen und Patienten auf besondere Weise Zuwendung benötigen (wie z. B. Aufnahmen, Vermittlung der Diagnose, vor der Operation etc.). Weiters wird der Wert „Zuwendung" durch spezielle Kommunikationstrainings für die einzelnen Berufsgruppen, auch für die Ärzte, sichtbar und konkret. Unter *„Verhalten"* werden beispielhaft einige Verhaltensweisen genannt, wie z. B.: „Wir reden *mit* den Patienten und nicht *über* sie." „Grenzen des medizinisch Machbaren werden offen und feinfühlig angesprochen." Beispiele von definierten Werteprofilen sind im Internet abzurufen.[13]

---

12 Vinzenz Gruppe 2014, Sieben Eckpfeiler S. 10 f.
13 Weiteres Beispiel: Werteprofil von Kulinario: https://www.vinzenzgruppe.at/fileadmin/user_upload/Werteprofil_Kulinario.pdf (1.9.2020).

Mit dieser Deklination in das Konkrete wird die Wertesäule präzisiert und eingegrenzt. Solch eine Beschreibung gibt den Mitarbeitenden klare Orientierung, was von ihnen erwartet wird. Somit sind Werteprofile, oder wie immer sie auch genannt werden, ein Führungsinstrument, damit eine gewollte Kultur ins Leben gebracht werden kann.

2.3 Die Kunst des Führens in der Werte- und Kulturarbeit

Das kraftvolle Engagement der Einzelnen erwächst aus ihren existenziellen Werten. Diese können aber nicht verordnet werden. Werte-Verhalten ist eine Konkretisierung von Werte-Haltungen. Und diese sind meist eng verbunden mit der Persönlichkeit. Was kann nun eine Führungskraft tun, wenn doch bestimmte Werteverhaltensweisen erwartet werden und eine gelebte Kultur für die handelnden Personen erfahrbar sein sollte? Wie kann ein Unternehmen ein Kulturprofil bekommen, wenn die Kultur von den Haltungen und vom Verhalten der Einzelnen abhängt? Eine oft gehörte Aussage wollten wir nie gelten lassen: „Entweder die Mitarbeitenden haben den guten Anstand und ihre Sensibilität für Werte in der Kindheit gelernt und bringen sie in die Arbeit mit, oder sie werden es nie lernen!" Grundsätzlich möchten wir jedem eine Chance geben, seine Wertehaltungen zu entwickeln. Aber was können Führungskräfte und das Management dafür tun? Hier möchte ich wieder auf Bewährtes zurückgreifen.

2.3.1 Mindestverhalten einfordern

Wenn z. B. „Wertschätzung" ein zentraler Wert ist, dann kann ich von den Mitarbeitenden nicht einfordern, dass sie in jedem Menschen von vornherein etwas Wertvolles sehen oder suchen. Aber ich kann das Mindestverhalten einfordern, z. B. in einem Pflegeheim: Bevor Mitarbeitende in ein Zimmer eintreten, klopfen sie an; bei neuen Bewohnerinnen und Bewohnern stellen sich Mitarbeitende mit dem Namen vor; die vorhandenen Ressourcen der Bewohnerinnen und Bewohner werden wahrgenommen und anerkannt.

Ein Beispiel zur Erläuterung: Eine Führungskraft analysiert ihr eigenes Team und erkennt z. B., dass es einen verstärkten Teamgeist braucht. Sie entscheidet sich als Zielrichtung für die Teamentwicklung, dass also die Mitarbeitenden ihre Teamfähigkeit verstärken sollen. „Teamfähigkeit" wird für sie zum schöpferischen Wert, aber noch nicht für das Team.

Auch hier ist der erste wichtige Schritt, dass „Teamfähigkeit“ in das konkrete Verhalten übersetzt wird. Was tut eine Mitarbeiterin oder ein Mitarbeiter, die bzw. der teamfähig ist? Bewährt hat sich, in einem ersten Schritt als Antwort auf diese Frage eine ganze Liste von erwartetem Verhalten zu schreiben, um daraus in einem zweiten Schritt die wichtigsten Verhaltensweisen herauszuheben. Im dritten Schritt sollte sich die Führungskraft darüber klar werden, was von dieser Liste sie als Mindestanforderung sieht. In diesem Prozess klärt sich im Kopf der Führungskraft, worum es ihr im Wesentlichen geht. Das ist die Basis, um den Mitarbeitenden die Erwartungen an ihr werteorientiertes Verhalten verständlich zu machen und bei Bedarf auch einzufordern. Wenn dieser Wert auch für manche Mitarbeitende nicht zum existenziellen Wert wird, für den sie Feuer und Flamme sind – das Mindestverhalten sollen sie doch einbringen.

Der noch bessere Weg ist, diesen beschriebenen Prozess der Klärung des Anliegens „Teamfähigkeit“ gemeinsam mit dem Team vorzunehmen. In dem gemeinsamen Erarbeiten wird deutlich, wie unterschiedlich die Vorstellungen von Teamfähigkeit sind. Dem einen ist das Einander-Unterstützen und das Sich-helfen-Lassen wichtig. Andere verstehen unter Teamfähigkeit vor allem die kollegiale Kritik oder das Aussprechen von kollegialer Anerkennung. Wieder anderen geht es vor allem um gemeinsame Reflexionsgespräche oder um den Humor. Der Vorteil von diesem Klärungsprozess im Team ist das Finden des gemeinsamen Nenners. Über die Fragen „Was leben wir bereits?“ und „Wo sehen wir unser größtes Entwicklungspotenzial?“ können Mindestverhalten oder Ziele der Kulturentwicklung gemeinsam vereinbart werden. Wobei die Führungskraft mit ihrer Stimme präsent sein sollte.

2.3.2 In Auseinandersetzungen Wertehaltungen stärken

Haltungen hängen stark mit der persönlichen Biografie zusammen. Immer dann, wenn es um die Persönlichkeit von Mitarbeitenden geht, ist es heikel als Führungskraft einzugreifen. Was aber getan werden kann, ist durch Diskussionsprozesse den Raum zu eröffnen, damit sich die Mitarbeitenden ihrer Haltungen bewusstwerden, sie überdenken oder durch das Gewinnen von neuen Sichtweisen neue Einstellungen aufbauen. Hier bewegen wir uns in einem Feld, in dem wir nicht so schnell überprüfbare Ergebnisse aufzeigen können. Auch wenn solche Prozesse Zeitinvestitionen verlangen, sie sind eine nachhaltige Investition, damit Menschen in Zukunft aus ihren Wertehaltungen heraus selbstständig handeln. Eine Mitarbeiterin erzählte in einer Diskussionsrunde: „In meiner früheren Arbeitsstelle waren Wertehaltungen nicht gefragt. Seitdem ich in diesem Haus arbeite und wir immer wieder über Werte, Kultur und über den Umgang mit Menschen diskutieren, ist mein Wertegewissen wieder wach geworden. Nachdem es scheinbar länger geschlafen hat, ist es wieder ganz lebendig geworden." Hier einige Beispiele, wie in inhaltlichen Auseinandersetzungen ein Wertebewusstsein aufgebaut bzw. gestärkt werden kann.

2.3.2.1 Das Wozu von Werteprojekten gemeinsam sichten

Wenn die intendierte Kultur im Unternehmen von der Geschäftsleitung verabschiedet wurde oder ein Abteilungsleiter seinen Werteschwerpunkt vorgegeben hat, können ergebnisorientierte Projekte entstehen. Diese haben den Vorteil, dass konkrete Strukturen, Abläufe und Instrumente entwickelt werden, die eine bestimmte Wertekultur nachhaltig sichtbar machen und verankern. Diese Vorhaben kosten als Preis u.a. Zeit- und Personalressourcen, Auseinandersetzung mit Widerständen und meist auch finanzielle Mittel. Deshalb macht es Sinn, am Beginn eines Werteprojektes gemeinsam mit den Beteiligten auszuloten, ob eine „magnetische Kraft eines Wertes" überhaupt vorhanden ist. Dafür kann die Gegenüberstellung von Kosten und Nutzen hilfreich sein. Dabei geht es darum, das „leuchtende Wozu" zu finden, das so stark leuchtet, dass ich all die Unannehmlichkeiten und die notwendigen Anstrengungen gerne in Kauf nehme. Damit werden die Betroffenen nicht nur zu Beteiligten, sondern die Beteiligten werden auch zu Betroffenen.

Deshalb nehme ich mir als Prozessbegleiter für die Einstiegsfragen eines Werteprojektes viel Zeit: „Was werden wir gewinnen? Wer wird was gewinnen? Wozu wollen wir uns all diese Anstrengungen antun? Ist uns das wirklich wert?" Das möchte ich mit drei Beispielen von Werteprojekten der Vinzenz Gruppe erläutern:

Interprofessionelle Kommunikation im OP: Durch strukturelle Veränderungen in einem Krankenhaus wurde es notwendig, an der Zusammenarbeit im Operationssaal zu arbeiten. Dazu wurde festgelegt, dass der Klinische Psychologe 14 Tage lang im Operationssaal präsent ist, um am Ende der Operation alle beteiligten Professionen zusammenzurufen und eine gemeinsame Reflexion zu moderieren: Was ist gut gelaufen? Wo gab es Reibungspunkte? Was sollen wir in Zukunft anders tun? Der Preis für dieses Vorhaben war sehr hoch: Der OP-Plan wurde so neugestaltet, dass mindestens fünf bis zehn Minuten Reflexion nach jeder Operation möglich waren. Umgerechnet auf 14 Tage war die verlorene Operationszeit und damit der Einnahmenverlust sehr hoch. Es brauchte im Vorfeld eine Einschulungsphase, damit die Beteiligten wussten, dass alle Professionen gefragt werden, nicht nur die Mediziner. Sowohl für die Geschäftsleitung als auch für die Operateure war daher die Frage nach dem Gewinn entscheidend, damit dieses Projekt auch durchgezogen werden konnte. Bei der Evaluierung nach den 14 Tagen wurde der Gewinn für alle Beteiligten so hoch bewertet, dass der Wert „Interprofessionelle Kommunikation" einen zentralen Stellenwert bekommen hat und ein zweiter Durchgang nach einigen Monaten geplant wurde.

Leitfaden zur Begleitung neuer Führungskräfte: Die Erfahrung hat gezeigt, dass neue Führungskräfte mit neuen Aufgaben, Rahmenbedingungen und aktuellen Anforderungen sehr gefordert sind, sodass die bisherige Kurzeinführung in die spezielle Unternehmenskultur wenig Wirkung zeigte. Fachliche und wirtschaftliche Themen standen im Vordergrund. So wurde ein Gesamtkonzept zur Begleitung neuer Führungskräfte entwickelt, das einiges von den direkten Vorgesetzten der neuen Führungskräfte abverlangte. Allerdings wurde an dem Konzept relativ lange verhandelt, weil die Kosten-Nutzen-Waage im Blick war: Was ist der Gewinn, wenn Führungskräfte fachlich, wirtschaftlich und auch in ihrem werteorientierten Führungsverhalten gut begleitet werden? Und was ist der Aufwand, den die unmittelbaren Vorgesetzten damit haben? Es zeigte sich, dass eine Verschlankung des Aufwands und eine Verteilung der Lasten notwendig waren. Dieser doch längere Prozess hatte aber den Vorteil, dass das Wozu (was bringt uns das Konzept in seiner Umsetzung mittelfristig?) klarer und stärker zu leuchten begann. Als ich nach einem Jahr evaluierte, was vom Konzept tatsächlich umgesetzt wurde, war ich selbst überrascht, wie selbstverständlich in den meisten Bereichen die Maßnahmen des Leitfadens im Alltag integriert waren.

Einführung einer ethischen Leitlinie „Ernährung im klinischen Grenzbereich": Die Aufgaben der Ethischen Komitees und des Ethikbeirats für medizinische Fragenstellungen sind herausfordernd. Einerseits wird ihre Arbeit sehr geschätzt, weil ihre Leitlinien und Konsile als hilfreich erlebt werden. Auf der anderen Seite erschweren sie Routineabläufe, die rasch abgewickelt werden sollen und so den Umsatz erhöhen. Wenn z. B. ein alter Patient von einem Pflegeheim in das Krankenhaus gebracht wird, um eine PEG-Sonde zur künstlichen Ernährung zu setzen, ist der operative Eingriff eine Routineangelegenheit und der Patient kann bald wieder in das Pflegeheim entlassen werden. Die Umsetzung der Leitlinie verlangt aber, dass mit mehreren Schritten eines differenzierten Anamneseprozesses geklärt werden soll, ob die PEG-Sonde tatsächlich das beste Mittel der Wahl ist. Das kostet Zeit und das gerade bei älteren Menschen. Als in einem Krankenhaus beobachtet wurde, dass diese Leitlinie kaum bekannt war und deshalb auch wenig Beachtung fand, gab es für alle betroffenen Ärzte und Pflegepersonen eine spezielle Informationsveranstaltung. Bei dieser wurde vor allem durch anschauliche Beispiele der Gewinn für die Patienten dargestellt und die einzelnen Schritte der Leitlinie wurden nochmals erklärt wurde. Letztlich ging es um die Einsicht, dass der Mehraufwand der Abklärung auch einen Mehr-Wert für die Patienten bringt und dass das Krankenhaus sich mit dieser ethischen Leitlinie im Gesundheitsbereich als vertrauenswürdiger Partner positionieren kann.

Wenn das „leuchtende Wozu" im Blick ist und kräftig magnetisch zieht, dann werden auch Probleme und Widerstände erfolgreich bearbeitet. So sagte schon Viktor Frankl – hier leicht abgeändert: „Wenn es ein Wozu gibt, dann findet sich auch ein Wie."

2.3.2.2 Werteimpulse am Beginn von Besprechungen

Am Beginn von bestimmten Besprechungen sich ca. 15 Minuten Zeit für einen interessanten Text, eine Geschichte oder ein Gespräch zu einem ausgewählten Thema zu nehmen ist keine allzu große Zeitinvestition. Diese Impulse bieten die Möglichkeit, in einer gewissen Regelmäßigkeit über Haltungen und Verhaltensweisen nachzudenken. Damit wird auch ein Zeichen gesetzt, dass bestimmte Haltungen erwartet werden und einen wichtigen Stellenwert haben. Wenn nun in einem abwechselnden Zyklus jede Teilnehmerin und jeder Teilnehmer zur Gestaltung eines Werteimpulses eingeteilt wird, hat es den positiven Nebeneffekt, dass sich jede und jeder Zeit für die Vorbereitung und für die Suche nach einem passenden Inhalt nehmen muss. Man kann als Hilfestellung Bücher oder Tipps zur Verfügung stellen.

Als eine Einrichtung neu zu der Vinzenz Gruppe kam, kannte das Leitungsteam diese Form eines Besprechungsbeginns nicht. Sehr bald kam die positive Rückmeldung, dass das Hetzen von einem Termin zum anderen durch die Werteimpulse unterbrochen wurde und dieser Einstieg in die Besprechung wie ein ruhiges Durchatmen erlebt wurde. Das hatte laut Rückmeldung auch Auswirkung auf die Besprechung: Die Leitenden konnten präsent sein, die Diskussionen verliefen sachlich und überlegt.

Eine Küchen- und Catering-Firma organisierte mit ihren zwölf wichtigsten Führungskräften zweimal im Jahr einen ganztägigen Werteworkshop, bei dem ergebnisorientiert Kulturthemen abgearbeitet wurden. Ich selbst war als Begleiter und Moderator für diese Workshops eingeladen. Der Werteimpuls hatte hier eine besondere Form: Wir hatten uns vorgenommen, bis zum nächsten Termin jeweils ein Kapitel eines Buches[14] zu lesen, um am Beginn des Workshops zeitintensiv darüber ein Gespräch zu führen, was wir von dem gelesenen Kapitel verstanden und was diese Aussagen konkret mit unserem Alltag zu tun haben. Ich war ganz erstaunt, wie mit diesem Ansatz selbst eines

---

14 Eines dieser Bücher war z. B.: Anselm Grün/Jochen Zeitz (2010): Gott, Geld und Gewissen. Mönch und Manager im Gespräch. Münsterschwarzach: Vier-Türme-Verlag.

eher philosophischen Buches über Tugenden[15] mit Führungskräften einer Cateringfirma spannende, praxisrelevante Gespräche geführt werden konnten. Nach meiner Wahrnehmung wurden durch diese Austauschgespräche Haltungen gestärkt und sogar neue Einsichten gewonnen.

2.3.2.3 Werteklausuren

Hier ein weiteres Beispiel aus der Vinzenz Gruppe, wie durch inhaltliche Auseinandersetzungen Wertehaltungen gestärkt und geformt werden. An der ersten Werteklausur in dieser Form haben die Geschäftsführenden der Einrichtungen, deren Werteverantwortliche (s. nähere Erklärung zur Funktion in Kap. 7) und die Geschäftsleitung der Gruppe, also die Vorgesetzten der Geschäftsführungen, teilgenommen. Die Herausforderung dieser viertägigen Tagung bestand in deren ungewöhnlicher Zielsetzung und Vorgangsweise. Das Thema wurde auf die interne Unternehmenskultur eingegrenzt: Welche Bilder haben wir, wie Mitarbeitende miteinander umgehen sollten und was können wir dafür tun? Zielsetzung war kein Endergebnis und kein herzeigbares Produkt. Ziel der Werteklausuren war es, Wertehaltungen der Führungskräfte zu heben, diese durch Wertediskussionen zu vertiefen und ein gemeinsames Bild für die gewünschte interne Kultur zu suchen.

Um die eigenen persönlichen Wertehaltungen zu präzisieren, haben sich drei Vorgänge bewährt:

- Übungen, um die innere Sensibilität für Werte und Kulturfragen zu stärken und um persönliche Wertevorstellungen benennen zu können,
- Einüben von Schlüsselerfahrungen, die im Vorfeld von einem Vorbereitungskreis ausgewählt wurden (Vertrauen aus gelebter Dankbarkeit, Unterbrechung, die befreiende Kraft des Vergebens),
- Wertedialoge mit Menschen, die ihre Werte gut reflektiert haben, vielleicht sogar quer- oder andersdenken.

Mit diesen Ansätzen gelang es, ins Gespräch über persönliche Überzeugungen und Wertehaltungen zu kommen. Es gelang aber auch, dass ein frischer Wind in die persönlichen Haltungen reinkam, neue Sichtweisen gewonnen und neue Positionen eingenommen werden konnten.

Als Highlight wurden in allen Werteklausuren der sogenannte „Mittagshalt“ und der „Tagesrückblick“ erlebt: Jede und jeder hat sich in der Stiftskirche – lose im Raum verteilt – einen Platz gesucht, um in einer zehnminutigen

---

15 André Comte-Sponville (1996): Ermutigung zum unzeitgemäßen Leben. Ein kleines Brevier der Tugenden und Werte. Reinbeck bei Hamburg: Rowohlt Verlag.

gemeinsamen Stille nur bei sich nachzuspüren: Was vom heutigen Vormittag hat in mir eine positive Resonanz ausgelöst und was könnte das jetzt für mich bedeuten? Am Abend gab es eine ähnliche Stille, um nochmals bei dem zu verweilen, was am vergangenen Tag der eigenen Seele gut getan hat und persönlich als wertvoll erlebt wurde.

Entscheidend für den Austausch untereinander war eine am Beginn der Klausur gemeinsam erarbeitete Vereinbarung zur ehrlichen Auseinandersetzung: Alle dürfen und sollen ehrlich zu dem stehen, was sie für unsere Kultur als vorrangig erleben, und auch kritisch äußern, was von den Unternehmenswerten und der tatsächlich gelebten Kultur nicht gefällt. Das war auch ein Anliegen der anwesenden Vorgesetzten und eine wichtige Voraussetzung, dass eine ehrliche Auseinandersetzung mit den persönlichen Wertehaltungen geführt werden konnte. Formate wie Gespräche zu zweit, Austauschwanderungen und gut moderierte Auseinandersetzungen im Plenum erwiesen sich als Chancen, dass die tatsächlichen Wertehaltungen und Werteprioritäten in Bewegung kamen. Neue Impulse durch externe Persönlichkeiten, die sich auch der kritischen Diskussion stellten, waren kostbar. So hat z. B. Abt Johannes Perkmann gleich zum Beginn eines Kamingesprächs die Erwartungen auf den Boden der Realität geholt, indem er sagte: „Bevor wir ins Gespräch kommen, möchte ich gleich sagen: Wir Mönche sind auch nur auf der Suche!“ Diese Aussage wurde als Entlastung für alle erlebt und begleitete die Gruppe als wichtiges Motto auf ihrem Weg des gemeinsamen Ringens.

In der Vinzenz Gruppe, in der die Verantwortlichen in einer gezielten Werte- und Kulturarbeit einen hohen strategischen Nutzen sehen, wurde mit diesen Werteklausuren in der obersten Führungsetage begonnen. Danach wurde das Konzept der Werteklausuren auf die weiteren Führungsebenen ausgerollt. Ein Geschäftsführer meldete mir zurück, dass er zwei Tage brauchte, um aus seinem üblichen gestressten Problembearbeitungsmodus aussteigen und in die Wertediskussionen einsteigen zu können. Bei den weiteren Führungsebenen haben sich zwei Tage mit zwei Abenden als gutes Ausmaß herauskristallisiert.

Führungskräfte sind Schlüsselkräfte und wirken daher als Kulturstifter in die Organisation hinein – bewusst oder unbewusst. Deshalb ist entscheidend, dass sie sich in Klaren darüber sind, für welche Wertekultur sie sich einsetzen wollen und was sie dafür tun können und wollen. Dieser Top-Down-Weg ist daher ein wichtiger. Gleichzeitig wissen wir, dass in den Teams die Mitarbeitenden selbst die Kultur prägen, wie miteinander, mit Kunden und Klienten umgegangen wird. Deshalb kamen in der Vinzenz Gruppe im späteren Verlauf die sogenannten „kulturprägenden Mitarbeitenden“ in den Blick. Damit sind jene positiven Kräfte gemeint, die auf die Kolleginnen und Kollegen einen großen Einfluss ausüben und auch ein gutes Gespür im Umgang untereinander haben. Für sie gab es ähnliche Klausuren, Seminare und Maßnahmen, um sie in ihren Haltungen zu bestärken und in ihrem kulturprägenden Engagement zu unterstützen (s. auch „Kulturprägende Mitarbeitende stärken“ im Kap. 5).

2.3.2.4 Werteprozesse

Jede Person kann in ihrer eigenen Biografie die Tatsache überprüfen, dass persönliche Werte, die für jemanden einen hohen Stellenwert haben, auf Erfahrungen der Vergangenheit zurückzuführen sind. Im Wesentlichen geht es um konstruktive Erfahrungen („so ist es gut!“) und um Kontrasterfahrungen („So ist es nicht gut!“).

Dazu ein Beispiel aus meiner eigenen Biografie: Meine erste Anstellung war als Mitglied eines fünfköpfigen Leitungs- und Seelsorgeteams. Sowohl der Altersunterschied als auch die inhaltliche Ausrichtung waren sehr breit gestreut. Als Jüngster, der in ein bestehendes Team dazukam, war ich sehr skeptisch, wie das funktionieren sollte. Meine Sorge war, in eingespielten Strukturen weder Platz noch Einfluss zu bekommen. Das erste gemeinsame Arbeitsjahr war sehr konflikt- und diskussionsreich. Doch nach ca. einem Jahr gelang es jeder und jedem seinen/ihren Platz zu finden. Uns wurde der Vorteil der Unterschiedlichkeiten für unsere Arbeit bewusst und wir zum Teil über die divergierenden Sichtweisen lachen konnten. Auch wenn ich nie wieder eine ähnliche Leitungsstruktur vorgefunden habe, wurde die partnerschaftliche Teamarbeit von konträren Kompetenzen und Charakteren für mich ein wichtiger Wert.

Wenn es nun das Ziel ist, dass Führungskräfte und Mitarbeitende ihre Wertehaltungen im Sinne der Unternehmenswerte entwickeln und stärken, braucht es konkrete Erfahrungen, in vielen Fällen neu erlebte Erfahrungen. Die Formel für Erfahrungen ist einfach: ein Erlebnis + Deutung des Erlebten = Erfahrung.

So entwickelten wir – meine Kollegin Sr. Christa Petra Ahrer und ich – für die Leitungsteams der Krankenhäuser einen mehrmonatigen Prozess, um sie zu prägenden Erfahrungen mit Werten hinzuführen. Der Prozess, den wir „Wertereise“ nannten, hatte fünf Etappen mit je einem Thema: „Wir schauen aufeinander“, „Einander sinnvolle Perspektiven eröffnen“, „Die Freude über Gelungenes teilen“, „Mit Fehlern und Verfehlungen konstruktiv umgehen“ und „Persönliche Wertequellen“. Für jede Etappe gab es ein Handout, in dem jeweils drei Schritte pro Etappe vorgegeben wurden:

1. Schritt: Sich Anhand einer Geschichte mit dem Thema der Etappe auseinandersetzen und über die Praxisrelevanz diskutieren. So gab es beim Thema „Wir schauen aufeinander“ die Geschichte, wie Jesus den Freunden die Füße gewaschen hat. Die Impulsfrage „Von wem wissen wir, dass er müde Füße hat, und was könnten wir für ihn tun?“ sollte einen Anstoß für das Gespräch geben.
2. Schritt: Planen eines konkreten „Tuns und Erlebens“. Jede Person der Krankenhaus-Leitung soll ein kleines (!) Vorhaben planen mit dem Wissen, dass sie bei der nächsten Leitungssitzung erzählen soll, was sie tatsächlich getan und was sie dabei erlebt hat. So hat sich z. B. ein ärztlicher Direktor vorgenommen, einen Oberarzt auf der Station aufzusuchen. Eine Pflegedienstleitung hat den Besuch einer Sitzung von einem aktuell sehr geforderten Pflegeteam angemeldet. Jede Person plante ein konkretes Vorhaben, das zum Etappenthema passte.
3. Schritt: Austausch und Auswertung des „Tuns und Erlebens“. Im Leitungsteam wurde anhand von Orientierungsfragen über die Erfahrungen – und vor allem, was sie dabei bei den anderen und bei sich erlebt hatten – berichtet und reflektiert.

Zu meinem Erstaunen haben fast alle Leitungsteams diese Wertereise nach den Vorgaben umgesetzt. Da dies ein Pilotprojekt war und für weitere Zielgruppen ausgearbeitet werden sollte, erhielt ich nach jeder Etappe von jedem Krankenhaus-Leitungsteam eine Rückmeldung. Auf diese Weise konnten wir die Vorgaben und Handouts weiterentwickeln. Die gemachten Erfahrungen wurden sehr geschätzt, weil kleine Vorhaben geplant wurden, denen normalerweise im Alltagsdruck keine Zeit eingeräumt wurde. So wurde z. B. das Hinausgehen aus dem Büro, um Menschen im Haus zu begegnen, oft als besonders wert-volle Erfahrung erwähnt. Diese Begegnungen (Erlebnis) und das anschließende Besprechen im Leitungsteam (Deutung) hatten so manche Wertehaltungen gefestigt. Und es wurde bewusst: Es bräuchte zwar mehr davon, aber es ist schon ein Gewinn, hie und da – zeichenhaft – solche Schritte zu setzen.

Das beabsichtigte Ziel, die Sensibilität für das Erleben von Wertvollem zu erhöhen und konkrete Wertehaltungen zu stärken, konnte gut erreicht werden. Dieser Prozess wurde für weitere Führungskräfte und Mitarbeitende mehrmals modifiziert angewandt – auch für die Profitbetriebe der Vinzenz Gruppe.

2.3.3 Die Kunst, die Schnittmenge der Werte zu heben

Die Kunst des Führens bei der Entwicklung einer intendierten Wertekultur besteht im Umgang mit der Spannung von Unternehmenswerten und persönlichen existenziellen Werten. Die existenziellen Werte von Mitarbeitenden (schöpferische Werte und Erlebniswerte) bergen in sich das Potenzial der Kreativität und der Freude, sich kraftvoll einzubringen. Sie sind damit Basis für die Bereitschaft, für eine Sache Verantwortung zu übernehmen und auf Herausforderungen eigenverantwortlich zu reagieren. Damit ein Unternehmen aber kulturelles Profil bekommt, braucht es eine gemeinsame Stoßrichtung. Unternehmenswerte geben diese Orientierung für die gemeinsame Stoßrichtung und worauf es in der Wertekultur ankommt. Sie fokussieren den Einsatz der Führungskräfte und deren Teams auf wenige Werteschwerpunkte.

Die folgende Graphik macht als Zusammenfassung des bisher Beschriebenen sichtbar, worin die Kunst der Führungskräfte besteht: Es geht darum, die Schnittfläche der unterschiedlichen Werte, die im Spiel sind, zu finden. Unternehmenswerte sollten bereits so konkret formuliert sein, dass sie den Mitarbeitenden tatsächlich Orientierung und der Organisation Profil geben. Sie sollten aber doch nur so weit formuliert sein, dass die Mitarbeitenden in dem Rahmen ihre persönlichen Wertevorstellungen finden und einbringen können. Nutznießer sind damit nicht nur das Unternehmen, das an Profil gewinnt, sondern alle, die von diesem Werteprofil profitieren und diese als Erlebniswerte erleben. Die Kunst besteht eben darin, die „Schnittmenge" von allen drei Zugängen zum Werterleben zu heben.

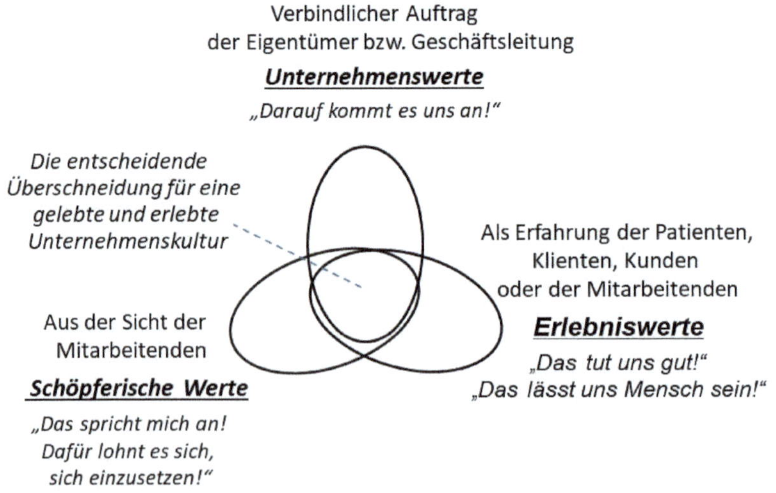

Abbildung 4: Die Kunst des Führens („Flügelrad der Werte")

Beispielsweise enthält das Werteprofil der Vinzenz Gruppe einen besonders aufmerksamen Umgang mit Sterbenden und dem Thema Tod. In der Auseinandersetzung mit dieser Vorgabe haben die Mitarbeitenden verschiedene Konkretisierungen gefunden, für die sie sich mit voller Kraft engagieren. So kreierte z. B. das interprofessionelle Team einer onkologischen Abteilung ein Projekt „Begleitung von Kindern als Angehörige von Sterbenden". Die Sprach- und Ratlosigkeit der Angehörigen von sterbenden Müttern und Vätern, wie sie mit Kindern in dieser Situation umgehen sollten, hat die Mitarbeitenden motiviert, ein Projekt zu starten, um dieser Not Abhilfe zu schaffen. Erste Ansprechpartner für Eltern und Kinder wurden in allen Krankenhäusern der Vinzenz Gruppe geschult, Rahmenbedingungen inkl. Materialien (Kinderbücher, Spielsachen etc.) wurden geschaffen und ein Netzwerk mit externen Organisationen zur weiteren Begleitung der Familien und Kinder wurde aufgebaut. Auf einer Geburtenstation wiederum engagierten sich Mitarbeitende dafür, dass Frauen nach Totgeburten unterschiedliche Begleitangebote (inkl. einer Bestattungsmöglichkeit des verstorbenen Fötus bzw. Kindes) erhalten.

Das schöpferische Engagement entlud sich in den verschiedenen Situationen in unterschiedlichen Projekten, jedoch „füllen" sie alle den Unternehmenswert, der den Rahmen gibt. Diejenigen, denen diese Umsetzungen zugutekommen, sind sowohl die Patientinnen und Patienten wie auch die Mitarbeitenden (Erlebniswerte).

3 Eigenverantwortlichkeit als möglicher Zielwert

Welche Kultur ein Unternehmen als Ziel entwickeln möchte, hängt von der aktuellen Situation, den strategischen Zielrichtungen und vom Menschenbild des Unternehmens ab. Aktuell begegne ich dem Trend, das eigenverantwortliche Engagement der Mitarbeitenden zu fördern. So möchte ich diesen Wert, der im gesamten Unternehmen gelebt werden soll, als Beispiel nehmen, um einen möglichen Weg der Kulturentwicklung vorzuzeigen. Dabei greife ich auf konkrete Erfahrungen in meiner Führungsverantwortung und in der Beraterrolle auf.

Im folgenden Abschnitt werden nun die Hintergründe und die Bedeutung von Eigenverantwortlichkeit analysiert, warum gerade dieser Wert zum Ziel von kulturellen Entwicklungsprozessen werden sollte. Ob und wie eine Person Verantwortung übernimmt, wird in Entscheidungssituationen sichtbar. Deshalb wird im weiteren Schritt aus der Sicht der Existenzanalyse beschrieben, wie ein verantworteter Entscheidungsprozess abläuft. Diese Beschreibung verdeutlicht, welches Verhalten Führungskräfte von Mitarbeitenden erwarten können, wenn sie eigenverantwortliches Handeln und Entscheiden einfordern. Kapitel 4 beschreibt die kulturellen Voraussetzungen, die eine Führungskraft schaffen sollte, damit Mitarbeitende gerne und motiviert Verantwortung übernehmen.

3.1 Chancen in VUCA-Zeiten

Die Herausforderungen an Führungskräfte und an Organisationen sind heute enorm: Die Gesellschaft wird immer globaler und ist ständig Veränderungsprozessen ausgesetzt. In Gesellschaft, Politik und Wirtschaft gibt es immer weniger klassische Orientierungsmuster, die Unberechenbarkeit der

Zukunft verunsichert viele. Die Zusammenhänge werden immer komplexer und aufgrund der Informationsfülle unüberschaubar; die Ereignisse und Vorgänge sind vorwiegend mehrdeutig, die Widersprüche sind schwer handhabbar. In der Literatur und Beratungsszene spricht man von schwierigen VUCA-Zeiten.[16] VUCA steht für die Anfangsbuchstaben von vier Kennzeichen des heutigen Umfelds:

- V = Volatilität –
  Veränderungen häufen sich und werden zur Daueraufgabe
- U = Unsicherheit –
  Zukunft ist nicht mehr vorhersagbar und planbar
- C = Komplexität –
  Abhängigkeiten sind vielzählig und miteinander verknüpft
- A = Ambiguität –
  Faktenlage ist mehrdeutig, nicht mehr eindeutig

In diesem Umfeld sollen Führungskräfte einen kühlen Kopf behalten, „sensibel mit dicker Haut“ leben und Entscheidungen für die Zukunft treffen, für die sie die volle Verantwortung tragen. Das können einzelne Führungskräfte nicht mehr leisten. Deshalb wird eine reife Gesamtorganisation immer wichtiger. Organisation und Führen werden neu gedacht.

Um einige Ansätze beispielhaft zu skizzieren: Die Hierarchie wird flacher; jene Mitarbeitenden, die die eigentliche Kernarbeit eines Unternehmens leisten, werden in die strategische Verantwortung mit einbezogen; zentrale Stabsstellen, die bisher durch fachliche Kompetenz die Abteilungen unterstützt haben, lösen sich auf, weil die eigentliche Feldkompetenz bei den Kernteams liegt und diese zentrale Bedeutung erhalten.[17] Das Modell von Buurtzorg, eine niederländische Organisation für Hauskrankenpflege, stellt Laloux u. a. als Vorbild vor, bei dem statt einer größeren Organisation jeweils kleinere Teams für alles Verantwortung übernehmen und von daher hoch motiviert arbeiten, weil sie sich mit allem stark identifizieren.[18]

Solche Modelle sind nicht auf komplexe Organisationen wie z. B. Krankenhäuser übertragbar. Aber auch in solchen Einrichtungen macht sich verstärkt die Überzeugung breit, dass die Verantwortung möglichst in den einzelnen Einheiten gelassen werden sollte. Denn erstens kennen die Mitarbeitenden an der Basis die Situationen besser, zweitens besitzen sie die

16 Vgl. u. a. Organisationsentwicklung. Zeitschrift für Unternehmensentwicklung und Change Management Heft 04/2015.
17 Vgl. Laloux 2015.
18 Ebd., S. 61 ff.

Kernkompetenz, die benötigt wird, und drittens erhöht das Selbst-Gestalten- und Entscheiden-Können die Motivation. Und nicht zuletzt fallen an der Basis die Entscheidungen schneller, denn gerade in VUCA-Zeiten können selbst Manager die komplexen Situationen nicht so rasch durchblicken. Krisenzeiten können jedoch kleinere Einheiten überfordern, wie es uns die Covid-19-Pandemie gezeigt hat. Größere Organisationen haben mehr Potenzial, um sich auf schwierige Herausforderungen einzustellen.

Egal in welcher Organisationsform, die Erkenntnis ist dieselbe: Verantwortung zu tragen erhöht die Identifikation und die Motivation. Damit lebt vieles wieder auf, was frühere Lehrbücher unter „partizipativem Führungsstil" festgehalten haben. Wer eigenverantwortliches Handeln einfordert, der sollte auch für sich ein Bild haben, was damit gemeint ist und welche Erwartungen an die Mitarbeitenden sich von diesem Bild ableiten. Hier nochmals ein „Seitensprung" (eine Exkursion) zur Existenzanalyse.

3.2 „Verantwortung" mit der existenzanalytischen Brille

Zuerst eine erste Klärung, was der Begriff „Verantwortung" bedeutet. „Einen guten Hinweis liefert das Englische: ‚response-ability', also die Fähigkeit eine Antwort zu geben."[19] Wer Verantwortung übernimmt, muss Entscheidungen treffen. Das gilt für Führungskräfte und Mitarbeitende. In vielen Fällen reicht das einfache Bild von Frankl, in dem er existenzielles Leben als sinngebende Antworten auf die situativen Fragen des Lebens verstand. Daraus lassen sich folgende Fragestellungen zur Antwortfindung ableiten:

- Welche Frage bzw. welche Fragen stellt das Leben an mich?
- Welche Möglichkeiten zu antworten habe ich?
- Welche dieser Möglichkeiten ist für mich die bestmögliche?
- Wie kann ich meine beste Möglichkeit nun umsetzen?

Sehr oft liegt die Kunst darin, nicht bei den ersten offensichtlichen Möglichkeiten kleben zu bleiben, sondern gerade durch Gespräche mit Anders- und Querdenkenden auf weitere Möglichkeiten zu kommen, an die man selbst noch nicht gedacht hat. Meist ist noch mehr oder anderes möglich, als man beim ersten Blick in der Situation erkennen kann.

---

19 Hauser S. 16

Viele Entscheidungen sind aber nicht so einfach zu treffen. Oft spielen Emotionen mit. Jeder Persönlichkeitstypus hat seine einseitigen Tendenzen, wie sie bzw. er entscheidet (z. B. impulsiv oder harmonisierend). Entscheidungen werden schwieriger, wenn zentrale Anliegen, Ziele oder Wertvorstellungen zueinander in Konkurrenz treten. Diese Dilemmata betreffen eben nicht nur Führungskräfte, die verantwortungsvoll entscheiden und handeln wollen, sondern auch Mitarbeitende, wenn sie in dem ihnen vorgegebenen Rahmen Verantwortung übernehmen, entscheiden und gestalten sollen. Wie gesagt: Gerade in Entscheidungssituationen wird sichtbar, ob jemand Verantwortung übernimmt, das heißt der Situation seine bestmögliche Antwort geben kann.

Alfried Längle folgt der Spur von Viktor Frankls existenziellem Dialog mit dem Leben. Er suchte aber vertiefend ein differenziertes Bild, was sich in einer Person abspielt, die auf eine herausfordernde Situation eine sinngebende Antwort sucht und damit aus einer persönlichen Stellungnahme eine Entscheidung zu treffen hat. Diesen Prozess von mehreren Schritten beschreibt Längle in seinem sog. „Prozessmodell“, auch „Modell der Stellungnahme“ genannt.[20] In Workshops und Seminaren wird dieses Modell gerade von Teilnehmenden, die mit hohen Anforderungen zu kämpfen und komplexe Entscheidungen zu treffen haben, als hilfreich erlebt. Ich möchte dieses Modell an einem einfachen Beispiel erläutern.

3.2.1 Primärer Eindruck

Alles hinterlässt einen Eindruck in uns. Dieser Eindruck in uns besteht aus Emotionen, Handlungsimpulsen und Phantasien über die anderen oder zur Situation, die zu einem raschen Reagieren verleiten. All diese ersten Eindrücke dürfen sein, aber sie sollen als erste und unreflektierte Eindrücke stehen gelassen werden.

Zur Veranschaulichung ein einfaches Beispiel: Eine Führungskraft, Herr K., führt im Rahmen eines Auswahlprozesses ein Bewerbungsgespräch. Eine Bewerberin erwähnt relativ bald ihre Herkunft – eine ländliche Gegend, die Herr K. selbst für Erholungszeiten sehr schätzt. „Ein sympathischer Menschenschlag“ denkt er sich. Sie verlieren sich ein wenig im Austausch über bekannte Plätze und Menschen. Noch dazu schaut die Bewerberin einer früheren Mitarbeiterin sehr ähnlich, mit der er sehr zufrieden war und die mit ihrem Humor die Stimmung im Team auflockerte. Er nimmt eine gegenseitige Sympathie wahr und er schätzt ihr unkompliziertes Auftreten. Er spürt in sich den Handlungsimpuls, das Gespräch

20 Längle 2016a, S. 124 f.

abzukürzen und sich für sie zu entscheiden. Ihre Herkunft und die Ähnlichkeiten bestärken die Phantasie, dass die Bewerberin genau die ist, mit der er gut arbeiten kann.
Dem nächsten Bewerber fehlt dieser Charme. Relativ bald nimmt dieser Herrn K. kurz die Gesprächsführung aus der Hand, weil er davor noch ein paar Fragen zum Unternehmen und zur ausgeschriebenen Stelle klären möchte. Es folgen einige kritische Anmerkungen, was dem Bewerber auf der Homepage aufgefallen ist. „Nüchtern und unangenehm" denkt sich Herr K. So entsteht bei ihm die Phantasie, dieser Bewerber würde selbst gerne Chef sein und er wird sich nicht unterordnen können.
Doch zum Glück entscheidet Herr K. nicht nach seinen ersten Eindrücken und nach seinen ersten Handlungsimpulsen „Am liebsten würde ich zwar …". Routiniert, wie er ist, geht er mal zu seinem Primäreindruck auf Distanz.

3.2.2 Selbstdistanz

Je größer und komplexer der Arbeitsdruck und je komplexer die Anforderungen sind, desto wichtiger ist die Fähigkeit, zu den eigenen ersten Eindrücken und zu den herausfordernden Situationen auf Distanz zu gehen, um einen freien Kopf zu bekommen und der Situation und sich selbst zuzuschauen.

Aus dieser Distanz kann man die Entscheidungs- oder Konfliktsituation mit allen bekannten Analysemethoden reflektieren. Aus dieser Distanz sollte ich auch meine inneren Erregungen, Phantasien und Handlungsimpulsen wahrnehmen – hoffentlich auch mit einem wertschätzenden Schmunzeln. Was immer das ist, das da in mir zu arbeiten beginnt – ob das Freude, Ängste, Ärger oder Wut ist – es ist wichtig, diese Regungen in mir nicht zu verdrängen, sondern wahrzunehmen. Wer störrische Kinder ignoriert, der wird mit dem Störpotenzial des Kindes erst recht konfrontiert werden. Sie wollen wahrgenommen und dann in die Schranken gewiesen werden.

Wie geschieht die Selbstdistanz? Wie gelingt es, dass ich mich – im Bild der folgenden Skizze ausgedrückt – auf die Wolke begebe und mir selbst zusehe? Diese Selbstdistanz kann ich mir z. B. gut in Reflexionen nach einem Gespräch einüben. Oder wenn ich mit anderen z. B. mit Kollegen, Coaches, Freunden über etwas Erlebtes spreche, begebe ich mich auf diese Metaebene und stehe bereits in Distanz zu den Emotionen etc. Die Kunst besteht aber darin, in der Situation auf Distanz zu sich gehen zu können. Das kann man z. B. durch Selbstgespräche, oder wenn man sich selbst Fragen stellt.

Herr K. holt kurz Luft, schaut wie auf einer Wolke schwebend sich selbst zu, wie die Bewerberin mit ihm redet. „Was passiert da grad mit dir?" fragt er sich in Gedanken. „Welche Kompetenzen brauchst du für dein Team? Wen brauchst du in der aktuellen Situation im Team?" Er nimmt den Handlungsimpuls in sich wahr, geht aber einen Schritt weiter.

3.2.3 Innere Stellungnahme

Herr K. braucht kurz Zeit um herauszufinden, wie er das Gespräch weiter führen wird. Er schaut auf sein Blatt mit den Auswahlkriterien, das er für die Bewerbungsgespräche vorbereitet hat, beschäftigt die Bewerberin mit einer eher belanglosen Fragen und fragt sich selbst gleichzeitig: „Worum geht es mir? Was sind die Kriterien, die mir sagen: Danach entscheide!" Ihm wird wieder klar, dass er in seinem Team eine strukturierte Persönlichkeit braucht, die sich vor kollegialer Kritik nicht scheut und die kreativ die sachliche Zusammenarbeit des Teams mitentwickeln kann. Um in der existenzanalytischen Sprache die Erkenntnis von Herr K. zu beschreiben: Er hat sich auf seine schöpferischen Werte besonnen, die ihm in der zukünftigen Teamentwicklung wichtig und damit für den Auswahlprozess entscheidend sind.

In der Selbstdistanz – laut folgender Skizze auf der Metawolke sitzend – passiert also noch etwas Weiteres: Im Hintergrund steht gut vorbereitet die „Wertebibliothek" – der Katalog der schöpferischen Werte, die für die entscheidende Person normalerweise einen hohen Stellenwert haben. Im Entscheidungsprozess werden diese „Bücher" neu durchsortiert auf der Suche nach der situativen Priorität: Welcher Wert bekommt jetzt in dieser Situation Vorrang? Wofür werde ich mich einsetzen und wofür werde ich eventuell sogar andere Wertvorstellungen zurückstellen? Was ist jetzt in dieser Situation wirklich, wirklich wichtig? Diese innere Stellungnahme erfolgt mit dem innersten Gespür für das Gute und Richtige und mit der verstandesmäßigen Beurteilung der Situation. Beides gemeinsam formt den situativen Willen, die innere Stellungnahme.[21]

Herrn K. liebäugelt zwar auch mit den Werten „humorvoller Umgang" und „lockere Atmosphäre", schiebt aber diese in der Reihung der Wertebibliothek hintan und holt „strukturierte Arbeitsweise", „klares Ansprechen von Feedback" und „sachliche Zusammenarbeit" in den Vordergrund. Damit hat er die innere Stellungnahme getroffen. Ihm selbst ist jetzt klar, worum es ihm geht. Nach außen hat er diese Entscheidung noch nicht kommuniziert.

21 Vgl. Längle 2013, S.95.

3.2.4 Über Alternativen zur äußeren Stellungnahme

Herr K. hatte bereits mit mehreren Bewerbern Gespräche geführt. Die beiden Erwähnten kommen in die Endauswahl. Er verspürt auch in sich den raschen Impuls, dass der männliche Bewerber nun der Favorit ist – wegen seines klaren Auftretens und seiner Unverfrorenheit, mit der er sein Wissensbedürfnis stillte, bevor Herr K. die zentralen Fragen stellen konnte. Aber auch von diesem Impuls lässt er sich nicht in die Irre führen. So bereitet er sich für die zweite Gesprächsrunde mit beiden Bewerbern vor um herauszufinden, wer besser den Kriterien entsprechen wird. Wem traut er es nun mehr zu, in dem bestehenden Team die strukturierte, sachliche Arbeitsweise zu verstärken und eine Kultur der kollegialen Kritik mitzuentwickeln? Es könnte ja sein, dass die scheinbar gemütliche Bewerberin strukturierte Denk- und Handlungsweisen mit sich bringt, und dafür aber den Vorteil hat, zu den Kolleginnen und Kollegen einen guten Anschluss zu finden. Es könnte ja auch sein, dass der strukturiert wirkende Bewerber zu schroff auf andere zugeht und von daher keinen Zugang zu den Kolleginnen und Kollegen findet. So führt er weitere Gespräche. Um es kurz zu machen:
Als Herr K. sich für einen der beiden entscheidet, hat er ein differenziertes Bild darüber, welche Chancen und Potenziale diese Person mitbringt und an welchen Entwicklungsfeldern er als Chef mit ihr noch arbeiten wird müssen. Das wird aber noch konsequente Arbeit brauchen.

Wenn jemand weiß, worum es ihm geht, bei dem bleibt die Frage offen: Was ist der beste Weg, um diesen schöpferischen Wert auch tatsächlich realisieren zu können? In allen klassischen Entscheidungsprozessen findet sich die Empfehlung, dass man zwischen mindestens drei Varianten wählen sollte. In unserem Beispiel waren es zuletzt nur zwei. Wenn sich eine Person in der inneren Stellungnahme klar für einen situativen Wert entschieden und mehrere Varianten zur Realisierung dieses Wertes entwickelt hat, wird sie sich für jene Variante entscheiden, bei der die Chance der Verwirklichung des situativen Wertes am größten ist. So wird die innere Stellungnahme der Person zum konkreten Handeln und für das Umfeld erlebbar, worum es ihm geht.

3.2.5 Die Stellungnahme als verantwortetes Handeln

Die Schritte des Entscheidungsprozesses, mit der die bestmögliche Antwort auf eine situative Frage gefunden und damit Verantwortung übernommen wird, sind beschrieben:

- Aus der Selbstdistanz die Situation analysieren und bei sich wahrnehmen, welche Emotionen, Handlungsimpulse und unüberprüften Phantasien im Inneren arbeiten.

- Für diese Situation den zentralen Wert finden, der nun Vorrang bekommen soll.
- Alternativen entwickeln, wie dieser situative Wert konkret umgesetzt werden kann.
- Alternativen auf den situativen Wert hin hypothetisch durchdenken, um zu erkennen, in welcher Alternative der situative Wert am besten umgesetzt werden kann.
- Sich für die bestmögliche Alternative entscheiden und das konkrete Handeln planen.
- Das Geplante umsetzen.

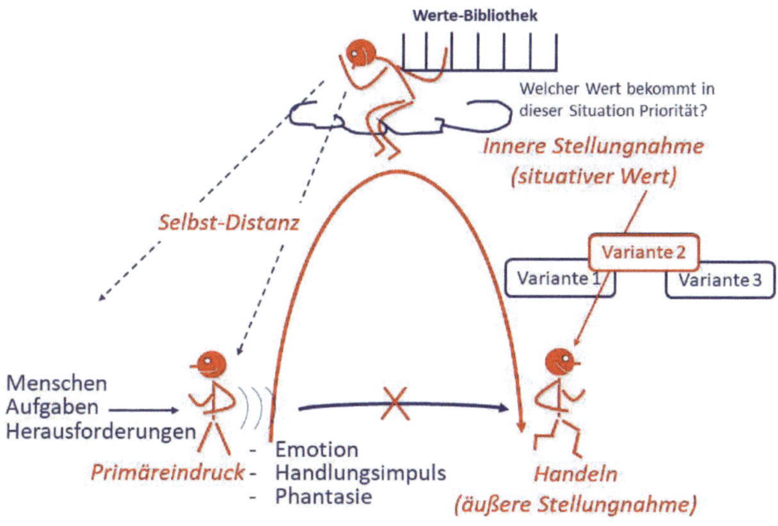

Abbildung 5: Vereinfachte Darstellung der Stellungnahme nach Alfried Längle

Gerade unter Zeitdruck oder in emotionalen Situationen kann es passieren, dass jemand sofort aus dem primären Eindruck heraus reagiert. Der Handlungsimpuls „informiert" die Person, was sie am liebsten tun würde, und die Person folgt unreflektiert diesem Impuls. Die Folge ist meist, dass sie selbst zumindest im Unterbewusstsein realisiert, dass das, was ihr eigentlich wichtig gewesen wäre, nun nicht zum Zug kommt. Das verstärkt die unzufriedene Stimmungslage. Wenig reflektierte Menschen finden dann den Fehler nicht bei sich, sondern suchen Schuldige in ihrem Umfeld, wodurch eine Konfliktspirale in Gang gesetzt wird.

Dieser „Weg über die Wolke“ kann in manchen Entscheidungsfindungsprozessen Stunden oder Tage in Anspruch nehmen, oder aber auch nur Sekunden, d.h. in der Situation selbst. So wie im Beispiel Herr K. während des Gesprächs die ersten unreflektierten Reaktionen bei sich wahrgenommen und sich gleichzeitig auf seine wesentlichen Kriterien besonnen hat, so können reflektierte und geübte Menschen in der Situation rasch zu einer Stellungnahme finden. Was heißt in diesem Zusammenhang „reflektierte und geübte Menschen“? Dazu möchte ich drei Punkte erklären:

„Geübte“ haben es sich zur Gewohnheit gemacht, den Arbeitsalltag immer wieder zu unterbrechen, um in Ruhe zu reflektieren und nachzuspüren: Was ist mir in dieser Arbeit wichtig und bekommt Priorität bzw. was bekommt meine logische und innere Zustimmung in der Qualität eines schöpferischen Wertes? In Coaching-Gesprächen erlebe ich immer wieder, dass Personen dieses Erfassen von Wertvollem, für das sich jemand engagieren möchte, vorerst einmal im privaten Leben einüben, z. B.: Was hat am kommenden Wochenende für mich Priorität – mit Blick auf mich, meine Familie, meine Freunde, den Haushalt etc.

Um in Übung zu kommen empfehle ich als Zweites, sich z. B. nach einem Konfliktgespräch oder nach einer Besprechung Zeit zum Reflektieren zu nehmen, um die Schritte des Prozessmodells im Nachhinein zu gehen. Dabei hebt man ins Bewusstsein: Was haben in mir welche Primäreindrücke ausgelöst? Welche meiner Werteanliegen konnte ich einbringen und welche nicht? Und: Ich könnte im Nachhinein auch nochmals kreativ überlegen, wie ich anders reagieren hätte können, damit meine Anliegen Gehör bekommen hätten.

Ich bin davon überzeugt, dass noch etwas Drittes einen reifen und geübten Menschen ausmacht: Damit ich nicht andauernd in meinen üblichen „Denk-Rillen“ hängen bleibe, ist es notwendig, mit anderen Personen in Austausch zu stehen. Gerade in Gesprächen mit Anders- oder Querdenkenden braucht es eine Dialogfähigkeit, bei der ich den Perspektivenwechsel einnehmen kann, um die Sichtweise meines Gegenübers zu verstehen. Nach meiner Erfahrung ist der Dialog in allen Schritten der Stellungnahme notwendig. Die Sichtweisen von Menschen, die in die konkrete Situation nicht so involviert sind und zu ihr in größerer Distanz stehen, können bereichernd sein, insbesondere durch die Frage, was sie als den situativen Wert erkannt hätten. Der Effekt von Wertedialogen ist, dass meine „Wertebibliothek“ neue „Bücher“ bekommt oder meine vertrauten Werte neue Akzente erhalten. In Coaching-Gesprächen und Supervisionsgruppen habe ich oft erlebt, dass diese fremden Sichtweisen nicht nur frischen Wind in die Wertevorstellungen gebracht haben, sondern auch manch neue Sichtweisen über sich eröffnen.[22]

3.2.6 Die „innere Wahrheitsstimme" – das Suchorgan für das Gute

In Seminaren höre ich oft die Aussage: „Ich habe aus dem Bauch heraus reagiert und das war gut so!" Wenn jemand aus dem Bauch heraus reagiert, sollte man genau hinsehen: Ist damit gemeint, dass er aus dem primären Handlungsimpuls reflexartig gehandelt hat oder aber wurde in Bruchteilen von Sekunden das situative Anliegen erspürt? Gerade „Geübte" können natürlich rasch erfassen, ob eine Reaktion von der Vernunft her Sinn macht und auch die eigene ehrliche innere Zustimmung bekommt oder nicht. Und dann können sie rasch intuitiv reagieren. Wenn sich jemand aber nicht im Klaren ist, ob es sich bei der eigenen raschen Reaktion um eine intuitive Stellungnahme oder einen Reflex handelt, dann sollte er sich lieber noch Zeit lassen mit der Reaktion – vielleicht den Gesprächspartner noch etwas erzählen lassen, wie es in unserem Beispiel Herr K. gemacht hat.

Ein gesunder und reifer Mensch hat in sich ein Gespür, was er für gut empfindet. Er will – laut Frankl – mit Sinn leben und dazu hat er auch die angeborene Fähigkeit, mit seinem inneren Suchorgan das herauszufinden, das seine innerste Zustimmung bekommt. Dieses Suchorgan nach dem Guten und Sinnvollen ist das, was Frankl als das „Sinnorgan" und die Existenzanalyse das „Gewissen"[23] bezeichnet. Diese innere Zustimmung „meint ein gefühltes Ja (oder im Falle der Ablehnung ein gefühltes Nein) zu dem, was man tut".[24] Matthias Beck nannte in einem Vortrag dieses Gewissen „die innere Wahrheitsstimme", die einem sagt, was stimmig ist und was sinnvolle Lebensräume eröffnet. Der reife Mensch kann diese innere Wahrheitsstimme gut unterscheiden von anderen Regungen und Formen von Zustimmung in seiner Innenwelt. Das anerzogene Über-Ich z. B., bei dem man noch die Stimme von Autoritätspersönlichkeiten hören kann, fordert mit Druck Gehorsam ein und lässt nicht viel Freiraum. Das sind Stimmen von Menschen, die sich in einem wie bedrohliche Untermieter eingenistet haben und oft mit „man" argumentieren: Was man zu tun hat und was nicht. Wenn man diesen Zustimmungen aus Angst oder aus einer gefühlten Enge folgt, hinterlassen sie trotz allem Unsicherheiten und ein unzufriedenes Gefühl.

---

22 Hier möchte ich auf einen Artikel über eine erlebte Fallgeschichte in einem supervisorischen Setting verweisen, bei dem der Fallbringer vermutlich ohne die Sichtweisen der Gruppe die Selbstdistanz hätte nicht einnehmen können. Vgl. Kinast 2010.
23 Vgl. Gewissen, in: Längle 2000.
24 Längle 2916, S. 71

Die innere Wahrheitsstimme hingegen ist wie die Stimme eines guten Freundes, die Lebensmöglichkeiten und situative Werte anbietet.[25] Dieses Suchorgan nach dem Sinnvollen, Lebenswerten und Guten wird in der Existenzanalyse auch das Gewissen genannt (zu unterscheiden von dem Begriff „Gewissen" im Sinne von Über-Ich).[26] Die unterschiedlichen Qualitäten an Stimmungen, die eine Zustimmung im Inneren der Person mit sich bringt, wahrzunehmen und unter diesen die innere Wahrheitsstimme finden zu können, ist eine hilfreiche Kunst für Menschen, die Vieles zu entscheiden haben, somit auch für Führungskräfte und Mitarbeitende, wenn sie in Eigenverantwortung Aufgaben gestalten sollen (s. „Einfache Ja-Übung" im Kap. 6).

3.3 Erwartungen an die Mitarbeitenden

Jede Führungskraft, die ein eigenverantwortliches Handeln von Mitarbeitenden einfordert, sollte sich klar werden: Was erwarte ich von ihnen konkret. Wenn die Erwartungen klar definiert sind, dann braucht es in den meisten Fällen einen Entwicklungsprozess der Mitarbeitenden. Sie müssen verstehen lernen, was von ihnen gefordert wird, und sie sollten begleitet werden, um diese Anforderungen erfüllen zu können. Da ist die Führungskraft mit ihrer personalentwicklerischen Kompetenz gefragt.

Hier möchte ich keine Erwartungen vorschreiben, wohl aber ein mögliches Zielbild der Entwicklungsarbeit skizzieren. Idealerweise sollten eigenverantwortliche Mitarbeitende über folgende Fähigkeiten verfügen:

- In emotionalen Situationen auf Selbstdistanz gehen
- Das, was sich im primären Eindruck abspielt, benennen und reflektieren: Emotionen, Handlungsimpulse und unüberprüfte Phantasien bei sich wahrnehmen
- Komplexe Situationen aus Distanz analysieren
- Handlungsrelevante Anliegen, die für die zukünftige Weiterentwicklung wichtig sein können, erfassen (schöpferische Werte)
- Aus diesen schöpferischen Werten alternative Möglichkeiten entwickeln
- Andere in Diskursen einbeziehen, um die eigene Stellungnahme zu erweitern und kreative Lösungsmöglichkeiten zu finden
- Entscheidungen innerhalb des vorgegebenen Rahmens treffen

---

25 Vgl. Gewissen, in: Längle 2000.
26 Längle 2013, S. 95.

- Loyalität und Solidarität mit den Vorgesetzten und dem Unternehmen leben
- Bei Entscheidungen die gesamte Abteilung und das gesamte Unternehmen im Blick haben
- Aufträge hinterfragen, bis sie gut verstanden werden bzw. klar ist, worauf es bei der Erfüllung der Aufträge ankommt
- ...

Auf das schrittweise Übertragen von Verantwortung und das sogenannte Delegationskontinuum möchte ich hier nicht näher eingehen. Einen Hinweis möchte ich noch geben: Eine Führungskraft kann in einem Reflexionsgespräch mit Fragen Mitarbeitende Schritt für Schritt durch diesen Prozess der Stellungnahme führen, sodass sie selbst ihre persönlichen Antworten auf die einzelnen Schritte finden. (S. Anhang A 1 „Orientierungsfragen zur Findung der persönlichen Stellungnahme"). Diese Orientierungsfragen kann eine Führungskraft auch sich selbst stellen, um anhand des Leitfadens den Prozess der Entscheidungsfindung – wie in einem inneren Dialog[27] – Schritt für Schritt zu gehen. Es lohnt sich, dies an einem konkreten Beispiel auszuprobieren.

27 „Im Verständnis der Existenzanalyse kommt dem inneren Gespräch ... eine wichtige Stellung zu" Längle 2016, S. 149.

4 Personale und organisationale Voraussetzungen für eigenverantwortliches Handeln

Hier wird nun theoretisch ein existenzanalytisches Modell vorgestellt, das sich nach meinen Erfahrungen bewährt hat. Die Praktische Anwendung folgt im darauffolgenden Kapitel.

4.1 Eine Übersicht über vier Aspekte einer intendierten Führungskultur

Die Existenzanalyse von Viktor Frankl wurde von Alfried Längle und dem Team der Gesellschaft für Logotherapie und Existenzanalyse[28] als anerkannte psychotherapeutische Methode weiterentwickelt und ausdifferenziert. Ziel der existenzanalytischen Therapie ist es, dass die Klienten mit innerer Zustimmung ihr Leben gestalten und erleben können. Längle war ein langjähriger Schüler Viktor Frankls, übernahm von seinem Lehrer sowohl den phänomenologischen Ansatz (beobachten und beschreiben, wie sich die Phänomene des Lebens mir zeigen) als auch das dialogische Verständnis im Umgang mit dem Leben inklusive der sogenannten existenziellen Wende. Der reife Mensch stellt sich den Herausforderungen und den konkreten Fragen des Lebens und versucht, seine bestmögliche Antwort zu geben. Längle ergänzt dazu: „Von uns wird nur das verlangt, was uns auch möglich ist – nicht mehr!“ Nach seiner Wahrnehmung stieß Längle an die Grenzen vieler Menschen, die aufgrund von Defiziten in ihrer Persönlichkeitsentwicklung dieses eigenverantwortliche Antworten nicht vermögen. Deshalb stellte er die Frage: Welche Voraussetzungen braucht der Mensch, damit er sich in

---

28 GLE-International: www.existenzanalyse.org.

dieser existenziellen Weise den Fragen des Lebens stellen kann? Das Ergebnis seiner psychotherapeutischen Forschung sind die sogenannten vier Grundmotivationen[29], auf die er die gesamte Diagnostik und die therapeutischen Methoden der Existenzanalyse aufgebaut hat.

Führungskräfte sind allerdings nicht die Psychotherapeuten ihrer Mitarbeitenden. Ihr Job ist es vielmehr, Mitarbeitenden einen Rahmen zu schaffen, damit sie die von ihnen geforderte Arbeit gut bewältigen können. Der Ansatz von Alfried Längle lässt sich auch auf Unternehmen und Organisationen übertragen, ausgehend von der Frage: Welche Voraussetzungen kann eine Führungskraft für die Mitarbeitenden schaffen, damit sie sich gerne engagieren? So haben wir – einige Organisationsentwickler bzw. Führungskräfte mit existenzanalytischem Hintergrund – von den vier Grundmotivationen der Existenzanalyse vier organisationale Grundbedingungen abgeleitet: eine Führungskultur mit vier verschiedenen Aspekten. Diese ist in der folgenden tabellarischen Übersicht in der Spalte „Zielkultur“ zu finden.

Die hier abgebildete Tabelle verschafft einen Überblick über die notwendigen und sinnvollen personalen und organisationalen Voraussetzungen. Die personale Seite entspricht im Wesentlichen den vier Grundmotivationen der Existenzanalyse. Die organisationale Seite in der Tabelle beschreibt die Kultur, an der die Führungskräfte gezielt arbeiten sollten. Im Folgenden werden die einzelnen Ebenen und Felder erklärt, um deren Praxisrelevanz näherzubringen

29 Längle 2013, S. 73–86; Längle 2016, S. 94–124.

	Personale Voraussetzungen (Psychotherapeutische Beschreibung)		
Grundmotivationen	**Passive Erfahrungen zur Ich-Stärkung**	**Aktiver Ausdruck der Ich-Stärke**	**Leben mit Zustimmung**
1. Grundmotivation: **Halt und Raum** in der konkreten Welt haben *leben können*	Halt, Sicherheit, Schutz und Grenzen erfahren, gehalten und getragen werden	Umfeld und Welt akzeptieren und annehmen, wie sie ist. Räume und Halt in diesem Umfeld finden und für sich schaffen. Sich selbst schützen und für die eigene Sicherheit sorgen. Mit einem Grund- bzw. Urvertrauen leben.	**Ja, ich kann in dieser Welt leben!**
2. Grundmotivation: Das Leben als **Grundwert** erfahren *leben mögen*	Vom Leben berührt, angezogen und bewegt werden, das Leben als lebenswert erfahren, Erlebniswerte „passieren" und schöpferische Werte „gehen mich an".	Dem Leben und den primären Eindrücken in mir gegenüber aufmerksam sein. Lebenswertes entdecken und sich dafür aktiv einsetzen. Auf Andere und Anderes zugehen, sie ernst nehmen und sich berühren lassen, auf sich wirken lassen und in die Umwelt wirken wollen.	**Ja, ich mag leben! Es ist gut, *dass* ich lebe!**
3. Grundmotivation: Mit **Selbstwert** leben *sosein dürfen*	Im Anderssein gesehen und durchschaut werden und als wertvoll erkannt werden.	Sich von anderen abgrenzen, zu sich stehen: Zu eigenen Empfindungen, Sichtweisen, Anliegen, Werten. Sich ernst nehmen und sich mit der eigenen Stellungnahme aktiv einbringen. Sich etwas zutrauen.	**Ja, ich nehme mich ernst! Es ist gut, *wie* ich bin!**
4. Grundmotivation: **Sinn** geben *gestalten wollen (leben sollen)*	Angefragt werden: - nach den eigenen Wertvorstellungen - nach den eigenen Anliegen und Überzeugungen - nach möglichen Handlungsoptionen - nach meiner konkreten Stellungnahme	Sich den Fragen und den Herausforderungen stellen und ihnen mit klaren Standpunkten antworten. Situative Werte und priorisierte Anliegen benennen. Selbstständig Sinnrichtungen erfassen, wofür es sich lohnt, sich einzusetzen. Kreative Wege planen, um den situativen Werten eine realistische Chance auf Umsetzung zu geben. Umfeld gestalten wollen und kreativ gestalten können.	**Ja, ich will mich anfragen lassen, ich will Antwort geben und meine Umwelt gestalten.**

Tabelle 1: Vier Aspekte einer Führungskultur (personale und organisationale Voraussetzungen für Eigenverantwortlichkeit)

Organisationale Voraussetzungen **(Organisationstheoretische Beschreibung)**		
Zielkultur: **4 Aspekte einer Führungskultur**	**Kontrastkultur:** **So nicht!**	**Fördernde Aktivitäten der Führungskräfte**
Kultur der Verlässlichkeit, Orientierung und Transparenz - Klare Aufgaben und Zuständigkeiten - Orientierung durch Information - Kontinuität - Verlässliche Vereinbarungen *„Ich kann mit den gegebenen Rahmenbedingungen leben und arbeiten."*	Kultur der - Angst - Verunsicherung - Desorientierung - Unverbindlichkeit	***Von den Führungskräften zu erarbeiten:*** Was konkret kann eine Führungskraft tun, um diesen Aspekt der Kultur zu initiieren und zu stärken?
Kultur der Reflexion und des Interesses füreinander - der Beziehungen - des Zulassens von Emotionen - der Reflexion und des Austausches - Kultur des gemeinsamen Feierns *„Ich gehe gerne in die Arbeit!"*	Kultur der - Beziehungslosigkeit - der Vereinsamung - der sterilen Sachlichkeit - der reinen Funktionalität und der Formalismen	
Kultur der Beachtung der Einzelnen - Förderung von Potenzialen - Delegationskultur bzw. Subsidiaritätsprinzip - Feedback- und Wertschätzungskultur - Kritik- und Konfliktkultur *„Ich werde als Individuum ernst und wahrgenommen!"*	Kultur - der Abwertung und/oder - der Ignoranz - des Einheits- und Schablonendenkens	
Kultur des eigenverantwortlichen Engagements - Herausforderungen bei den kleinsten Einheiten/Betroffenen lassen - Transparenz des Ziel- und Gestaltungsrahmens - Kultur der Eigenverantwortung in Gestaltungsräumen *„So macht die Arbeit für mich Sinn!"*	Kultur - der Sinnlosigkeit - von Dienst nach Vorschrift - von standardisiertem Verhalten	

4.2 Zwei Aufgaben von Führungskräften für die Entwicklung der Führungskultur

Die folgenden Erläuterungen zur personalen Seite sollen vor allem dazu dienen, die organisationalen Voraussetzungen zu verstehen. Wer eine Kultur der eigenverantwortlichen Engagements aufbauen oder stärken möchte, der sollte vor allem die rechte Tabellenhälfte beachten,

- um zu reflektieren und zu analysieren, wo sie selbst Handlungsbedarf hat, um der Zielkultur näherzukommen und die Kontrastkultur zu schwächen
- um Wege zu finden, wie sie Feedback der Mitarbeitenden einholen kann, um deren Einschätzung zu erfahren, wo sie den größten Handlungsbedarf sehen
- um zu überlegen, was sie konkret tun kann, um die beabsichtigte Zielkultur zu stärken

Die Beschreibung der Zielkultur bzw. der vier Kulturaspekte verleitet zur schnellen Behauptung, dass diese ohnehin selbstverständlich tagtäglich gelebt werden. Nach unserer Erfahrung ist der Blick auf die Kontrastkultur wesentlich, um sich bewusst zu machen: Diese Kultur wollen wir nicht! Spannend ist auch die die Reflexion, durch welche Handlungsweisen eine Führungskraft diese Kontrastkultur verstärkt und fördert. Damit wird deutlich, wie schnell es passieren kann, dass sich die Mitarbeitenden in der Kontrastkultur erleben und es ein gezieltes Arbeiten der Führungskraft in Richtung Zielkultur braucht.

In all den vielen Workshops innerhalb und außerhalb der Vinzenz Gruppe, in denen ich mit dieser Übersicht gearbeitet habe, bin ich jeweils dem Missverständnis begegnet, dass die „guten" Führungskräfte die Zielkultur leben und die „bösen" die Kontrastkultur. Realität ist: Allen Führungskräften passiert es immer wieder, ungewollt in die Kontrastkultur zu rutschen, weil eben die Anforderungen an eine Führungskraft sehr vielfältig und hoch sind. Deshalb braucht es immer wieder die selbstkritische Reflexion bzw. das aufmerksame Hinhören auf die Mitarbeitenden, wie diese die reale Kultur erleben und was sie brauchen, damit die tatsächlich erlebte Kultur sich wieder in Richtung Zielkultur wandelt.

Noch ein Wort zu den personalen Voraussetzungen: Menschen, die im Wesentlichen eine gesunde psychische Natur für ihre Funktion mitbringen, sollten auf ihre Selbstfürsorge achten, damit sie nicht aufgrund des immensen Arbeitspensums und der herausfordernden Aufgabenstellungen an Substanz verlieren. Letztlich können die Beschreibungen auf der linken Tabellenhälfte auch wie eine Checkliste oder als konkrete Anleitung für eine Selbstreflexion verstanden werden, um sich selbst für die Zukunft handlungsfähig und fit zu halten.

So wird in den folgenden Erläuterungen jeweils die doppelte Aufgabenstellung für Führungskräfte in den Blick genommen: auf der organisationalen Seite die Beziehungskultur zu den Mitarbeitenden zu reflektieren, um Voraussetzungen für deren eigenverantwortliches Engagement zu schaffen; auf der personalen Seite den Blick auf sich selbst zu richten: Was benötige ich von meinen Vorgesetzten, Kolleginnen und Kollegen? Und: Wie könnte ich – im Sinne einer gesunden Psychohygiene – für mich sorgen?

Doch nun eine Hinführung zu den einzelnen Ebenen in der Tabelle und zu deren Praxisrelevanz.

4.3 Voraussetzung 1: Verlässlichkeit, Orientierung und Transparenz

Wie eingangs erwähnt: Unter „Kultur" verstehen wir im Zusammenhang mit Unternehmen und Organisationen die tatsächlich gelebten Werte. Auf dieser Ebene sollten die Führungskräfte ihre Handlungsweisen darauf abstimmen, dass die Mitarbeitenden die Werte „Verlässlichkeit", „Orientierung" und „Transparenz" auch erfahren. Um diese Dimension besser zu verstehen, schauen wir zuerst auf die personale Seite.

4.3.1 Personale Voraussetzung: Halt und Raum in der konkreten Welt haben

Wenn ein Kleinkind aufwächst, dann erfährt es, dass es geborgen, gehalten und beschützt ist. Sollte das Baby etwas Bedrohliches oder Unangenehmes spüren, genügt ein Weinen und schon wird es umsorgt. Angenommen ein großer Bruder wird dem kleineren Geschwisterchen gegenüber handgreiflich, so wird in den meisten Fällen eine mütterliche oder väterliche Hand beschützend eingreifen. Irgendwann erlebt das Kleinkind, dass es sich selbst wehren kann, um sich in der Familie, im Kindergarten oder in der Schule einen Raum zu verschaffen, in dem es sich bewegen kann. Es braucht die passive Erfahrung des Gehalten- und Beschützt-Werdens. So lernt der Mensch aktiv den ihm gegebenen Raum angstfrei zu nutzen bzw. sich diesen Raum aktiv zu verschaffen.

Das gilt auch für die erwachsene Person: Gestärkt durch passive Erfahrungen und ermutigt durch erfolgreiche Aktivitäten gewinnt die Person eine Sicherheit, die ihr hilft, grundsätzlich diese Welt, in der sie lebt, zu akzeptieren, wie sie ist, und in dem geschenkten oder erarbeiteten Raum zu agieren und zu leben. Längle betont immer wieder, dass ein Leben mit Zustimmung den Menschen frei und handlungsfähig macht. So bringt er diese erste Grundmotivation auf die Kurzformel der Zustimmung: „*Ja, ich kann in dieser Welt leben.*"

Wenn wir genau hinschauen, dann passieren im Alltag immer wieder Kleinigkeiten, die mir – passiv – zufallen und mein Grundvertrauen nicht nur in mich, sondern auch in das Leben stärken. Auch der erwachsene Mensch erlebt, dass er sowohl durch passive Erfahrungen als auch durch sein eigenes Tun Sicherheit erlebt.

Wem dieses Zurechtfinden in der konkreten Welt fehlt, ist von Unsicherheiten und von Angst getrieben. Die positive Funktion der Angst ist, dass sie vor möglichen Bedrohungen warnt und uns aktiviert, damit wir uns vor den Bedrohungen schützen bzw. diese vermeiden. Wenn die Erregung der Angst größer wird, dann wirkt sie lähmend und macht uns handlungsunfähig. Wer aber diesen grundsätzlichen Halt erlebt, der hat sicheren Boden unter den Füßen, auf dem er sich gerne frei bewegt oder sogar spielerisch zu tanzen beginnt.

4.3.2 Kultur der Verlässlichkeit, Orientierung und Transparenz

Im beruflichen Alltag sollte eine Führungskraft voraussetzen können, dass die Mitarbeitenden keine Angststörungen mitbringen und sich selbst angstfrei und mit Selbstsicherheit einbringen. Trotzdem: Auch in der Arbeitssituation erleben Menschen passiv Rahmenbedingungen, die entweder kontraproduktiv auf die Mitarbeitenden einwirken oder ihnen positiv Sicherheit vermitteln.

Selbst engagierte Menschen können in Unternehmen eingeschüchtert oder verunsichert werden. Ihnen fehlt z. B. die Orientierung, was Priorität hat oder worauf von der Leitung besonderer Wert gelegt wird oder ihnen fehlt die Einschätzung, wie ihre eigene Leistung im gesamten System einzuordnen ist. Diese Verunsicherungen können sich mit unterschiedlicher Intensität auswirken: Die eigene Leistung nicht einordnen können, Entscheidungen von Vorgesetzten nicht verstehen, notwendige Ansprechpersonen im Unternehmen nicht kennen, durch Ansagen des Vorgesetzten oder nur durch mangelnde Erreichbarkeit verunsichert sein … bis zur Angst, den Job zu verlieren und arbeitslos zu werden. Alle diese Erfahrungen schaffen eine Kontrastkultur, die ein motiviertes Engagement von Mitarbeitenden hemmen und gar nicht aufkommen lassen. Diese Kontrastkultur (so wollen wir die Kultur nicht!) kann immer wieder passieren. Wenn sie entstanden ist, dann sollte sie als solche erkannt und sollten Maßnahmen ergriffen werden, um die positive Kultur der Verlässlichkeit, der Orientierung und der Transparenz zu stärken bzw. neu aufzubauen.

Diese intendierte Kultur bedeutet z. B. dafür zu sorgen, dass die Mitarbeitenden

- klare Beschreibungen ihrer Aufgaben erhalten und mit ihnen Ziele vereinbart werden, die auch die Qualitätskriterien der Zielerreichung (worauf kommt es an?) beschreiben.
- ihre definierten Gestaltungs- und Entscheidungsräume kennen.
- darauf vertrauen können, dass die Zuständigkeiten eingehalten werden und Vereinbarungen halten.
- über Hintergründe von Entscheidungen, in die sie nicht einbezogen werden, informiert werden.
- Informationen darüber erhalten, was noch nicht entschieden ist bzw. welche Fragen für die Leitung selbst noch offen sind.
- wichtige Ansprechpartnerinnen und -partner für den Fall von Problemen und deren Erreichbarkeit kennen.
- Abläufe von Entscheidungsprozessen kennen und
- vor allem in schwierigen Zeiten und Krisen klare Orientierung erhalten.

All dieses Bemühen um Verlässlichkeit, Orientierung und Transparenz bewirkt, dass die Mitarbeitenden ihr Arbeitsumfeld mit innerer Zustimmung akzeptieren: *Ja, ich finde Rahmenbedingungen vor, mit denen ich gut leben kann!*

Aus meiner Erfahrung passiert es immer wieder, dass die Einschätzung von Führungskräften, wo wir mit der beabsichtigten Kultur stehen, mit der Einschätzung der Mitarbeitenden divergiert. Deshalb ist es auch wichtig, das Ohr bei den Mitarbeitenden zu haben, um wahrzunehmen, in welchen Bereichen sie einen Mangel oder ein Defizit erleben. Ihr Erleben ist eben ein anderes als die Sichtweise der Führungskraft.

4.3.3 Zusammenfassende Anforderungen an die Führungskraft

Wenn eine Führungskraft diese Kultur der Verlässlichkeit, der Orientierung und der Transparenz will, dann sollte sie,

- sich selbstkritisch hinterfragen: Wozu will ich diese Kultur und gibt es in mir Kräfte, die diese Kultur bremsen wollen?
- sich mit Blick auf die personale Seite aktiv um sich selbst sorgen: Was brauche ich von meinen Vorgesetzten bzw. von Kolleginnen und Kolle-

gen an Orientierung und Transparenz, damit ich meinen Führungsjob gut wahrnehmen kann?

- selbstkritisch den eigenen Status als Führungskraft in der Beziehung zu den Mitarbeitenden hinterfragen: Wo stehe ich und was kann ich tun, damit die Kontrastkultur abnimmt und die Zielkultur gestärkt wird?
- klären, durch welche Maßnahmen ich den Bedarf der Mitarbeitenden einholen kann.

4.4 Voraussetzung 2: Räume der Reflexion und des Interesses füreinander

Es fällt mir nicht leicht, für diese Ebene die treffende Bezeichnung zu finden. Man könnte sie auch als „Beziehung und Nähe" benennen. Doch zu „Beziehung" haben Menschen unterschiedliche Bilder. Hier geht es um Beziehung auf verschiedenen Ebenen: Beziehung zu mir selbst (Reflexion), Beziehungen zu Kolleginnen und Kollegen (Interesse füreinander) und Beziehung zur Arbeit (Reflexion). So möchte ich wieder Schritt für Schritt hinführen, worum es hier geht.

4.4.1 Personale Voraussetzung: Das Leben als Grundwert erfahren

Wir Menschen sind berührbare Wesen. Alle, die uns begegnen, und alles, mit dem wir uns beschäftigen, hinterlassen in uns einen Eindruck. Das passiert so, als würde jemand die Hand in einen lehmigen Boden drücken und damit einen Eindruck hinterlassen: Das sind Emotionen, Handlungsimpulse und Bilder. Wir nehmen die Eindrücke im Getriebensein des Alltags eher selten wahr, negative Emotionen wie Ärger und Wut schon eher. Kleinkinder lassen sich leichter von Dingen und Erlebnissen einfangen. Sie greifen überall hin und sind fasziniert, wie das Leben sie berührt.

Ein gesunder Mensch nimmt – bei allen Sorgen und Problemen – auch das Lebenswerte im Alltag wahr. Im Idealfall lässt er sich mit seiner Wachsamkeit tagtäglich von den positiven Kleinigkeiten berühren und schafft es, auch diese Erlebniswerte ein wenig auszukosten. Darüber hinaus beleben ihn attraktive Vorhaben, die ihm Sinn geben. So ein Mensch speichert in sich Lebensfreude als Fundament für den Alltag an, sodass er sagen kann: *„Ja, ich lebe gerne! Das Leben an sich ist für mich ein Wert. Ich freue mich, dass ich leben darf."*

Das Leben ist voll mit Unplanbarem. Was mich heute ansprechen und mir Freude bereiten wird, kann ich am Morgen noch nicht voraussagen. Die meisten Erlebniswerte kommen unvermutet. Wenn ich ehrlich mir selber zuschaue, dann muss ich auch immer wieder gestehen: Es gibt Dinge, bei denen ich nicht gerechnet habe, wie sehr sie mich ansprechen und dass ich sogar bereit bin, mich dafür zu engagieren. Das Innerste der Person reagiert immer wieder unerwartet mit einer positiven Resonanz. Jedem Menschen ist diese hellhörige Offenheit sich selbst gegenüber zu wünschen.

Aber auch diese Grundmotivation hat eine aktive Seite: Es ist ein aktives Tun, Erlebniswerte wahrzunehmen, sogar bei der Alltagsgestaltung darauf zu achten, dass das, was meiner Seele gut tut, auch Platz bekommt. Wenn schöpferische Werte mich ansprechen bzw. „anzwinkern", dann bin ich gefordert, mich aktiv dafür zu entscheiden und etwas dafür zu tun oder es trotz aller Attraktivität zu lassen. Das Lebenswerte im Alltag zu finden, die Resonanz in mir wahrzunehmen und meine Aktivitäten danach auch auszurichten, ist ein aktives Tun. Es erhält mich lebendig und gibt mir Energie.

Es gibt Menschen, die nicht (mehr) berührbar sind und in sich die positive Resonanz nicht erleben. Viele von ihnen haben durch schmerzhafte Erfahrungen und Verletzungen gelernt, das innere Spüren abzudrehen. Denn Schmerz zuzulassen, tut weh. Wenn jemand wegen des Schmerzes sein emotionales Inneres verschließt, dann erreichen ihn auch positive Erfahrungen nicht mehr und das Lebenswerte zieht ihn nicht mehr magnetisch an. Dieser Mensch braucht dann andere Kräfte, die ihn bewegen: hohe Anforderungen, wie man (!) leben oder was man (!) tun sollte; verschiedene Formen von Ängsten, die ihn zur Leistung treiben; Prinzipien, die es zu erfüllen gilt etc. Wenn mich das Leben nicht mehr berührt, dann können die eigenen Anforderungen ordentlich Druck machen und die Tore zur Depression sind durch diese Selbst-Pression geöffnet. Wenn dann noch Druck von außen dazu kommt, dann ist das wie zusätzliches Wasser auf die Mühlräder, die sich bereits zu schnell drehen. Folgender Vergleich verdeutlicht die Bedeutung von Berührung durch das Lebenswerte: Wenn mich tagtäglich das Leben positiv belebt (und wenn mich nur Kleinigkeiten berühren), ist es wie das Nachfüllen von Öl bei einer Öllampe. Wenn auf längere Zeit diese erfüllenden Erfahrungen fehlen und das Feuer nur noch durch Anforderungen und Prinzipien angefacht wird, wird das Licht früher oder später wegen Mangel an Öl verlöschen: Licht aus – Burn out.

Das Modell der Grundmotivationen ist als aufbauende Stufen zu verstehen: Wer Halt und Raum hat, kann angstfrei und neugierig ins Leben schauen, was ihn berührt und belebt. Wer aber von der Angst bestimmt ist, der wird alles daransetzen, dass er die Bedrohungen vermeiden kann. Die

Vermeidungsstrategie bestimmt seinen Alltag, nicht mehr seine erfühlten und erfüllenden Werte. Unsicherheiten und Angst machen letztlich werteblind: Ich bin nicht mehr für Werteberührungen offen.

4.4.2 Kultur der Reflexion und des Interesses füreinander

Was kann eine Führungskraft dafür tun, dass Mitarbeitende bei all dem Funktionieren und Erbringen von guter Leistung als berührbare Menschen arbeiten können, sodass sie auch das Lebenswerte in der Arbeit sehen und „werteempfänglich" motiviert ihre Arbeit tun? Es braucht eine Kultur des Reflektierens und Austauschens darüber, was sie wie bewegt und welche wert-vollen Ideen und wert-vollen Perspektiven sie sehen. Führungskräfte sollten Mitarbeitenden signalisieren: „Mich interessiert es, wie es dir geht, was du dir denkst und welche sinnvollen Vorhaben du im Blick hast. Ich möchte aber auch, dass ihr untereinander dieses Interesse habt und den Austausch darüber führt."

Oft begegnet man dem Missverständnis, dass diese – meist abwertend bezeichneten – „Befindlichkeiten" in einer sachlichen Professionalität keinen Platz hätten. Dazu kommt, dass gerade in Berufen mit hohem Risiko wie z. B. Gesundheitsberufen Abläufe standardisiert werden müssen. Standards, ein überzogenes Qualitätsmanagement und der Druck, effizient handeln zu müssen, lassen wenig Raum für Reflexionen und Gespräche. Oft spüren Mitarbeitende im Stress sich selbst nicht mehr, geschweige denn, dass sie bei sich wahrnehmen und ansprechen können, was sie bewegt.

Bei Mangel an dieser Reflexionskultur kann eine soziale Kälte entstehen. Die Einzelnen erleben sich in ihrer Arbeit nicht mehr als Mensch, sondern sie agieren nur noch als funktionierende Roboter. Wenn die Person in der Funktion[30] nicht mehr lebendig sein kann, also nicht mehr darüber reden kann, was sie stört, aber vor allem auch nicht mehr einbringt, was sie als sinnvoll und wertvoll erkennt und wofür sie sich gerne einsetzen würde, dann entsteht eine sterile Sachlichkeit. Das Gefühl der Lustlosigkeit nimmt überhand. An die Stelle von Sich-engagieren-Wollen tritt das Tun-Müssen. Die Aufgaben werden pflichtbewusst abgewickelt, aufgrund von Formalismus kommen das Potenzial und das kraftvolle Engagement der Einzelnen nicht zum Tragen.

Was ich auch oft beobachtet habe – und ich kenne das aus eigener Erfahrung: Jemand arbeitet mit Freude, bekommt im Alltag viel positive Resonanz und investiert viel in die Arbeit. Bei anhaltendem Stress realisiert diese Person

---

30 Zur „Person in der Funktion" gehören das Wahrnehmen, welche Eindrücke mein Umfeld in mir hinterlässt, eine Reflexion, was in diesen Situationen Priorität bekommen soll (sog. situativer Wert) und nach außen hin eine klare Stellungnahme. Vgl. Kinast 2010; s. Prozessmodell der Existenzanalyse Längle 2013, S. 86 ff.

nicht, dass im Laufe der Zeit ihr die Arbeit keine Energie und Lebendigkeit mehr gibt. „Ja, die Arbeit macht mir Freude!" behauptet sie zwar noch und übersieht, dass die Freude sich nur noch im Kopf abspielt und sich Lustlosigkeit und Teilnahmslosigkeit breit gemacht haben.

Reflektieren heißt in diesem Zusammenhang: Wahrnehmen, was mich bewegt und wie es mich bewegt; hinter einem Ärger schauen, was für mich Wertvolles hier möglicherweise bedroht ist; wenn ich Probleme sehe, Lösungsvorschläge entwickeln; wenn ich sinnvolle Perspektiven sehe, Möglichkeiten suchen, in welcher Form und wann ich diese einbringen und umsetzen kann; Gespräche mit Kolleginnen und Kollegen führen, aber auch mit dem eigenen Vorgesetzten. So gesehen geht es eben um Beziehungen: um Beziehung zu mir selbst, zur Arbeit, zu den Menschen um mich und zum Unternehmen.

Führen heißt immer auch Entwickeln. Wenn sich Führungskräfte tatsächlich für diese Beziehungskultur des Reflektierens und des Interesses einsetzen wollen, dann sollten sie,

- ihren Mitarbeitenden neben notwendigen Standards Räume für bilaterale und für Team-Reflexionen schaffen,
- ihren Mitarbeitenden vermitteln, warum sie auch nach ihrem subjektiven Erleben der Arbeit und ihren Ideen gefragt werden und wozu das Interesse füreinander wichtig ist,
- den Austausch im Team untereinander stärken
- Emotionen zulassen und diese geschickt auf Werte und Anliegen hin hinterfragen,
- Lösungsmöglichkeiten von den Mitarbeitenden einfordern oder gemeinsam mit ihnen erarbeiten,
- positive Erlebnisse organisieren (lassen) und das Erlebte zur Sprache bringen und
- Erfolge feiern (und wenn es nur bei einer kurzen Kaffeerunde ist) und auch Anlässe für Feiern nutzen.

Letztlich zielt diese Kulturentwicklung darauf ab, die emotionale Motivation auf einer reflektierten Ebene zu aktivieren, das Potenzial der Mitarbeitenden zu nutzen und deren Identifikation mit dem Unternehmen zu stärken. Die Freude an der Arbeit soll bei den Mitarbeitenden gefördert werden, sodass sie ehrlich sagen können: *Ja, ich gehe gerne zur Arbeit.*

Es liegt auf der Hand: Erst wenn die Mitarbeitenden klare Orientierungen und einen transparenten Umgang mit ihnen erfahren, werden sie die Sicherheit haben, sich zu öffnen, auszusprechen, was sie bewegt, und mit Interesse ihre Sichtweisen einbringen. In meiner Beratungstätigkeit habe ich gelernt: Wertediskussionen und Kulturprozesse verlaufen sich bei Mangel in der ersten Grundbedingung im Sand, wenn z. B. unklare Zuständigkeiten oder ein Nicht-Einhalten von Zusagen verunsichern und verwirren.

4.4.3 Zusammenfassende Anforderungen an die Führungskraft

Spätestens hier wird deutlich: Wer eine Wertekultur stiften möchte, sollte dafür sorgen, dass sie bzw. er selbst vom Leben positiv berührt wird und „werte-sensibel" bleibt. Die personalen Voraussetzungen sollten stets bei sich selbst im Auge behalten und auch gepflegt werden. Ein gutes persönliches Fundament – damit sind die Grundmotivationen der personalen Voraussetzungen gemeint (s. Tabelle) – ist eine notwendige Basis für ein gezieltes Arbeiten an einer Kultur des eigenverantwortlichen Engagements. Wenn eine Führungskraft aufgrund von Stress und Druck für Berührungen von Lebenswertem nicht mehr offen ist und damit auch werteblind wird, wird ihr dies mit einer ungewollten Kontrastkultur im eigenen Verantwortungsbereich gespiegelt. Es braucht manchmal ein sehr bewusstes Gegensteuern gegen die Kontrastkultur der sterilen Sachlichkeit und Beziehungslosigkeit. Dabei sollte man bei sich selbst beginnen. Deshalb sollten Führungskräfte:
Auf sich schauen und für sich sorgen:

- den Arbeitsalltag und auch das private Leben (!) so gestalten, dass sie sagen können: Ja, ich lebe gerne!
- Sich in der Arbeit neben all den Herausforderungen und Problemlösungen einen Arbeitsbereich genehmigen, der einfach Freude macht,
- für Auszeiten und Unterbrechungen sorgen, in denen die Führungskraft wieder sich selbst spüren kann, ihre eigene Befindlichkeit wahrnimmt und Erfolge oder Gelungenes nachklingen und auskosten kann.

Auf die Mitarbeitenden schauen und sie wahrnehmen:

- Reflexionsraume schaffen in Einzelgesprächen, aber auch im Team und Klausuren,
- sie hinführen zu einer Form von Reflexion, die gewünscht ist – auch das Motivierende sollte zur Sprache kommen,
- sie immer wieder – auch zwischendurch – nach ihrer Befindlichkeit fragen,
- Mitarbeitenden Gehör verschaffen und sie mit Ihren Vorschlägen ernst nehmen,
- die ersten Tage von neuen Mitarbeitenden so gestalten lassen, dass sie sich willkommen fühlen und
- Zeit für „Feiern" einplanen und organisieren.

4.5 Voraussetzung 3: Beachtung der Einzelnen

Wenn Frau XY einen Job wahrnimmt, wird sie diesen – bei einer noch so detaillierten Funktionsbeschreibung – anders wahrnehmen als Frau YZ – und in den meisten Fällen ist das gut so. Jede Mitarbeiterin bringt neben grundsätzlichen Qualifikationen individuelle Erfahrungen und Kompetenzen mit. So soll eine Arbeitsatmosphäre den Einzelnen in ihrer Individualität gerecht werden und damit ihren Selbstwert stärken. Erfahrene Führungskräfte werden der Behauptung zustimmen, dass nicht alle Mitarbeitenden, die mit Selbstbewusstsein auftreten, auch tatsächlich mit solidem Selbstwert arbeiten und leben. Deswegen wird das Verständnis der personalen Voraussetzung „Mit Selbstwert leben" im Folgenden präzisiert.

4.5.1 Personale Voraussetzung: Mit Selbstwert leben

Die Existenzanalyse stellt sich die Frage: Wie kommt eine Person zu dem Erleben, dass sie selbst wertvoll ist? In der Entwicklung einer Persönlichkeit wird der Selbstwert vorerst durch passiv erlebte Zuwendung geformt. Anerkennung und Wertschätzung von wichtigen Bezugspersonen prägen junge Menschen. Auch bei erwachsenen Menschen wird ihr Selbstwert dadurch gestärkt, dass andere sie wahrnehmen, was sie denken, fühlen und tun und mit welchen Haltungen sie ihre Handlungen setzen. Meist sind es kritisch-differenzierte Rückmeldungen, die signalisieren: „So wie du bist, ist es gut und für uns wertvoll!" Auch wenn sich eine erwachsene Person von der Wertschätzung anderer nicht abhängig macht, braucht sie personale Begegnungen, in denen das eigene Selbst gestärkt wird.

Neben der Fremdeinschätzung ist aber für den Selbstwert die Selbsteinschätzung relevant, allerdings eine Selbsteinschätzung, die ein Werte-Erleben der zweiten Grundmotivation voraussetzt. Die Person erfasst eigenständig, was für sie lebenswert ist und wofür es sich lohnt, dass sie ihre Fähigkeiten und Energien einsetzt. Ihre Wahrnehmungen und Stellungnahmen werden sich dabei immer wieder von den Sichtweisen der Mitmenschen unterscheiden. So erlebt die Person ihre Einzigartigkeit. Sie ist auch fähig selbst zu bewerten, ob eine bestimmte Handlung wertvoll war oder nicht.

„Ich bin anders, als die anderen, und das ist gut so!" Mit diesem Verhalten bringt sich die Person aktiv in das Alltagsgeschehen ein, bezieht zu ihm gestellten Fragen Stellung und bekommt dazu Anerkennung oder kritische Rückmeldungen. In dem Dialog zum Umfeld und durch die eigene Einschätzung erlebt der Mensch den Selbstwert: *Ja, ich bin anders, und es ist im Wesentlichen gut so, wie ich bin.*

Der Unterschied zu Menschen, die zwar äußerlich selbstbewusst auftreten, aber das innere Erleben des Selbstwertes fehlt, besteht unter anderem darin, dass eine Person mit Selbstwert gelernt hat, im Dialog die eigenen Ansichten zu überprüfen oder gar zu erweitern. In Gesprächen bringt sie ihre eigenen Überzeugungen ein, schafft es aber auch, die Perspektive eines andersdenkenden Gesprächspartners einzunehmen und dessen Sicht zu verstehen. In offen geführten Auseinandersetzungen kann sie einen neuen oder einen leicht modifizierten Standpunkt finden, dem sie mit gutem Gewissen und Entschlossenheit zustimmt. Darüber hinaus weiß eine mit Selbstwert ausgestattete Person, was sie kann und was sie nicht kann. Ein Zeichen von Selbstwert ist es, auch zu den eigenen Defiziten und Grenzen stehen zu können und kritische Feedbacks mit Interesse aufzunehmen. Der erlebte Selbstwert lässt die Person auf festem Boden stehen. Da hält sie schon so manchen Gegenwind aus.

Was passiert bei einem defizitären Selbstwert bzw. wie entsteht dieser und welche Auswirkungen hat er auf die Persönlichkeit? Wenn das Erleben der 2. Grundmotivation fehlt, das heißt, wenn es kein Berührtwerden durch Lebenswertes gibt und man nichts Faszinierendes findet, wofür man sich einsetzen möchte, dann erlebt dieser Mensch in sich eine Leere. Und diese Leere schmerzt. Vor allem schmerzt, dass man aus seiner innersten Stellungnahme heraus nichts zu sagen hat. Dann gewinnt die Angst, angesichts dieser inneren Leere durchschaut zu werden, eine bestimmende Rolle. Dagegen gibt es unterschiedliche Coping-Strategien: Die einen passen sich an, tun das, womit sie Anerkennung und Applaus bekommen. Sie können eine enorme „Bühnenfreude" entwickeln, können sich exzellent darstellen und andere begeistern. Was sie aber nicht aushalten, ist, wenn ihnen jemand zu nahe kommt. Mit stacheligen Reaktionen können sie andere gut auf Distanz halten. Andere wiederum entwickeln narzisstische Züge: Sie folgen einem Idealbild von sich, das sie mit aller Kraft zu leben versuchen, und verlieren damit gänzlich den Kontakt zu sich selbst. Damit geht aber auch das Gespür für Menschen und Situationen verloren – weil sie eben um ihr Idealbild kreisen.

Die einzelnen Grundmotivationen bedingen sich: Halt und Raum in dieser Welt finden braucht es, um sich offen von dem Leben magnetisch anziehen und berühren zu lassen. Mit diesen persönlichen Werterfahrungen wird die eigene Persönlichkeit „aufgefüllt". So kann sie klar Stellung beziehen und sich einbringen, wozu sie Anerkennung bekommt und sich selbst als wertvoll erlebt.

4.5.2 Kultur der Beachtung der Einzelnen

Führungskräfte sind immer auch Personalentwicklerinnen und -entwickler: Es ist eine zentrale Aufgabe, Mitarbeitende zu beobachten und wahrzunehmen, worin ihre Stärken liegen, was sie leisten und welche Ideen und Impulse sie einbringen. Dadurch, dass die Mitarbeitenden Ziele und Gestaltungsräume erhalten, werden sie gefordert, sich weiterzuentwickeln. Aber sie werden auch gefördert, damit sie ihre Aufgaben erfüllen und ihre zugeteilte Verantwortung wahrnehmen können. In der Pädagogik betont man, dass das sogenannte positive Verstärken wirkungsvoller ist als der Rotstift im Schularbeitsheft. Das gilt natürlich auch bei Erwachsenen: Positive Anerkennung für das geben, was sie gut gemacht haben, ist wichtiger als Kritik. Kritik kann dann wirkungsvoll sein, wenn ein Vorgesetzter mit seinen Mitarbeitenden die Situation reflektiert und gut beschreiben kann, worauf es ihm als Führungskraft ankommt und welches konkrete Verhalten er in Zukunft erwartet.

Die oft gehörte Aussage stimmt: Mein Personal wird bezahlt und deshalb erwarte ich als Gegenleistung solide und gute Arbeit. Gute Leistung wird damit zur Selbstverständlichkeit. Aber: Eine Führungskraft hat ihre konkreten Vorstellungen, was die Mitarbeitenden tun sollten und worauf es ihr dabei ankommt – auf allen Ebenen des TZI-Dreiecks (s. Abb. 3 in Kap. 2): Auf der Leistungsebene, auf der Ebene der Zusammenarbeit, im Kontakt mit dem Umfeld und im Umgang mit sich selbst. Somit hat die Führungskraft ein klares Bild, welches Verhalten sie erwartet. So muss sie ihre Mitarbeitenden auch Schritt für Schritt zu diesem Zielbild hinführen und entwickeln. Dazu braucht es alles, was die Kunst des Führens bietet: beobachten, Gespräche führen, Ziele mit Qualitätskriterien vereinbaren, evaluieren mit Anerkennungen und konstruktivem Feedback, schrittweise Delegation und fachliche Weiterentwicklungen.

Der Job der Führungskraft ist es nicht, die Aufgaben selbst zu lösen, sondern die Mitarbeitenden zu fordern und zu unterstützen, ihre Aufgaben bestmöglich lösen zu können. Das Subsidiaritätsprinzip der katholischen Soziallehre besagt, dass die übergeordnete Stelle die Verantwortung nicht hierarchisch nach oben absaugen soll, sondern alles tun soll, damit die ihr zugeordnete Stelle ihre Verantwortung wahrnehmen kann.[31] Letztlich soll

31 Zum Subsidiaritätsprinzip: „Aufgrund dieses Prinzips müssen alle Gesellschaften höherer Ordnung den niedrigeren gegenüber eine Haltung der Hilfeleistung („subsidium") – also der Unterstützung, Förderung und Entwicklung – einnehmen. Auf diese Weise können die mittleren sozialen Körperschaften die ihnen zustehenden Funktionen in angemessener Weise erfüllen, ohne sie zu Unrecht an andere gesellschaftliche Vereinigungen abtreten zu müssen, die einer höheren Ebene angehören …" Kompendium S. 147 f.

eine Kultur entstehen, in der die Mitarbeitenden sagen: *„Ja, ich fühle mich ernst- und wahrgenommen und deshalb bringe ich mich mit dem, was ich kann, gerne ein."*

Mitarbeitende haben einen feinen Gerechtigkeitssinn: Wenn sie keine Chance bekommen zu zeigen, was sie leisten können, sie ohne Unterstützung überfordert werden, wenn sich Führungskräfte mit Erfolgen auf Kosten ihrer Mitarbeitenden schmücken oder nur – die Betonung liegt auf „nur" – vorgegebene Abläufe und Lösungen abgearbeitet werden sollen ... dann entsteht ein Gefühl der unfairen Behandlung, der Wertlosigkeit und des Nicht-gefragt-Seins. Die Kultur der Ignoranz, des Einheits- und Schablonendenkens signalisiert dem Einzelnen im Unternehmen: Es kommt nicht auf dich an und es ist nicht notwendig, dass du dich einbringst oder gar eine Extrameile gehst! Als Folge können aus dieser Kontrastkultur Mechanismen entstehen, bei denen sich Einzelne Aufmerksamkeit und Beachtung aktiv holen, evtl. dadurch, dass sie Widerstand leisten, Verbündete um sich versammeln, Teams spalten oder zynisch und ignorant den Tag gestalten. Dieses Widerstandsverhalten kann Ausdruck von Mangel an Beachtung und Wertschätzung sein.

Die aufbauende Dynamik der unterschiedlichen Aspekte einer Führungskultur hat eine klare Psycho-Logik: Es braucht Transparenz, klare Orientierung und Gestaltungsräume, die Sicherheit vermitteln, damit die Einzelnen in Reflexionen ermutigt werden, das für sie Lebenswerte und Sinnvolle anzusprechen und das in ihrem Engagement Hemmende zu bearbeiten. Das ist wiederum die Basis dafür, dass die Mitarbeitenden in ihrer Individualität wahrgenommen und gefördert werden können. Darüber hinaus müsste ebenso gezielt daran gearbeitet werden, dass diese Kultur der Beachtung auch im Team untereinander gelebt wird. Das braucht in Folge eine gute Feedback- bzw. kollegiale Kritikkultur und eine konstruktive Konfliktkultur (s. Kap. 5).

4.5.3 Zusammenfassende Anforderungen an die Führungskraft

Wenn eine Führungskraft entschlossen auf diese Kultur der Beachtung hinarbeiten möchte, sollte sie bei sich selbst anfangen, um die personalen Voraussetzungen (s. linke Hälfte der Tabelle) der eigenen Persönlichkeit zu reflektieren, aber auch um bei sich selbst für notwendige organisationale Voraussetzungen zu sorgen. Im zweiten Schritt sind die organisationalen Voraussetzungen für die Mitarbeitenden konsequent aufzubauen. Somit ergeben sich Aufgaben auf mehreren Ebenen:

Auf sich schauen und für sich sorgen:

- Für Unterbrechungen im Alltag zu sorgen, um auf die eigene „innere Wahrheitsstimme" zu horchen: Was sollte in meiner Arbeit aktuell Priorität erhalten? Wofür will ich mich einsetzen? Welche schöpferischen Werte sollten in meiner Arbeit mehr Beachtung erhalten?
- Auf das eigene Beachtetet-Werden achten: Gibt es etwas, wofür ich innerhalb meiner Organisation mehr an Anerkennung und Beachtung erhalten möchte? Von wem? Wie könnte ich zu dieser Beachtung kommen?
- Für die Psychohygiene etwas tun: Was könnte ich mir außerhalb der Arbeitsstelle organisieren, damit meine Leistungen und Erfolge vor mir selbst mehr Bedeutsamkeit bekommen bzw. dass ich diese besprechen kann, z. B. durch Coaching, Gespräche mit einem Freund, lehrende Tätigkeiten und Vortragsarbeit?
- Brachliegende Kompetenzen einbringen: Welche meiner Kompetenzen, Fähigkeiten und Erfahrungen kommen in meinem Führungsalltag nicht vor und wie könnte ich diese in meinem beruflichen Alltag stärker einbringen? Welche Optionen sehe ich und was wären dazu die ersten Schritte?

Auf die Mitarbeitenden schauen und sie wahrnehmen:

- Wahrnehmen, was diese konkret leisten und was davon besonderer Beachtung bedarf (evtl. sich zu einzelnen Mitarbeitenden Notizen machen),
- Das eigene Team zu einer kollegialen Feedback-Kultur hinführen. Dafür Möglichkeiten und Unterstützungen entwickeln,
- an einer guten Kommunikationskultur in Konflikten arbeiten, evtl. in Klausuren und Team-Weiterbildungen diese Kompetenzen schulen und einüben,
- kollegiale Wertschätzungsrunden entwickeln und durchführen.

4.6 Voraussetzung 4: Kultur der Förderung des eigenverantwortlichen Engagements

Diese Ebene in der Tabelle ist das eigentliche Ziel der vorhergehenden kulturellen Aspekte: Die Mitarbeitenden sollen eigenverantwortlich auf die Herausforderungen ihre Antworten geben und ihren Verantwortungsbereich gestalten.

4.6.1 Personale Voraussetzung: Sinn geben

Aufgrund ihres Selbstwertes ist die Person in der Lage, den konkreten Situationen Sinn zu geben. Die Erklärung, was mit „Sinn geben" gemeint ist, wurde bereits oben im Kapitel 2 unter „Existenzieller Dialog mit dem Leben" bzw. im Kapitel 3 unter „Verantwortung mit der existenzanalytischen Brille" erläutert. Inzwischen ist der aufbauende Charakter dieses Modells der Grundmotivation einsichtig geworden und soll hier nochmals herausgestrichen werden: Die Grundmotivationen 1–3 (s. Tabelle) sind wie das Fundament einer Persönlichkeit. Mit diesem hat sie in der konkreten Welt genug an Boden unter den Füßen, um Wertvolles zu erspüren und mit Selbstwert mit dem, was sie als gut und richtig erkannt hat, ihren Alltag zu gestalten. Bereits oft genug erwähnt ist, dass es dazu ein waches Innenleben und eine gute Dialogfähigkeit braucht. So kann die Person aus der Stellungnahme heraus handeln.

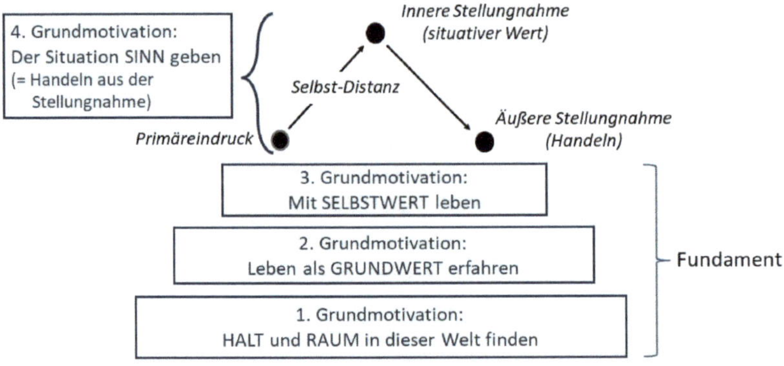

Abbildung 6: Fundament und verantwortetes Handeln

Wer dieses werteorientierte Antworten auf die Fragen des Alltags nicht schafft, der wird sich auf das reduzieren, was „man" bzw. „frau" tut, wird sich hinter den Überzeugungen anderer verstecken und sich nur halbherzig mit dem, was er tut, identifizieren. Frankl nennt diese Erfahrung, wenn im Alltag nichts Sinnvolles erlebt wird, das existenzielle Vakuum. Dieser Mangel ist oft nicht so offensichtlich, denn es wird ohnehin viel aus einem Getrieben-Sein und Fremdbestimmt-Sein heraus getan. Manche Führungskräfte können diesen Mangel bei sich selbst durch ihr autoritäres Auftreten verdecken oder er wird durch die Vorgabe unklarer Anweisungen und Ziele oder unsachlicher Reaktionen sichtbar. Darum ist es wichtig, dass Führungskräfte gut für sich sorgen und darauf achten, dass ihr Fundament ein lebendiges bleibt und sie so durch solide Prozesse der Stellungnahme Entscheidungen treffen können.

4.6.2 Kultur des eigenverantwortlichen Handelns

Sind die drei kulturellen Voraussetzungen gut gesetzt, dann ist bereits viel getan. Nun müssen die Mitarbeitenden erleben, dass es ernst gemeint ist, dass sie Verantwortung übernehmen und gestalten sollen. In meinen jungen Jahren hatte ich dazu ein negatives Schlüsselerlebnis, das deutlich macht, wie Führungskräfte beim Delegieren ihr Anliegen des selbstverantworteten Handelns selbst torpedieren können.

In einem Praktikum bekam ich den Auftrag, einen Artikel zu einem Thema aus meinem Kompetenzbereich zu schreiben. Mit Eifer habe ich die Chance ergriffen, wichtige Anliegen von mir einer kleinen Öffentlichkeit vorzustellen. Voll Begeisterung verfasste ich den Artikel bis tief in die Nacht hinein. In einem weiteren Schritt ließ ich einige Personen meinen Erstentwurf lesen, arbeitete deren Anregungen ein, schrieb manches um und bat nochmals Testleser um ihr Feedback. Mein damaliger Chef lobte mich, betonte aber, dass er als Herausgeber für den Inhalt verantwortlich sei. Er bat mich um Verständnis, dass er meine Zeilen ein wenig redaktionell überarbeiten werde. Als ich später das gedruckte Exemplar in der Hand hielt, erkannte ich meinen Artikel nicht wieder. Nach einigen Monaten bekam ich von ihm einen weiteren Auftrag für die Zeitschrift. Auf mein Nachfragen, worauf es ihm ankomme und was er nicht haben will, bekam ich keine Orientierung. Da ich wusste, dass er mein Artikel mehr als kräftig überarbeiten würde, verfasste ich mit halbherzigem Elan einen Entwurf, der eher wie ein Rohling wirkte und mit dem der Chef noch viel Arbeit hatte. Das war übrigens der letzte Auftrag von ihm für diese Zeitschrift. Diese Erfahrung zeigte mir, wie Delegation nicht laufen soll.

Zu diesem Beispiel finden sich in allen Betrieben ähnliche Parallelen. Der zentrale Punkt ist, es auszuhalten, wenn Mitarbeitende ein Problem anders lösen als ich selbst es gelöst hätte. Deswegen kann bei Auftragsvergaben durch eine Zielvorgabe mit Qualitätskriterien (Worauf kommt es an? Woran werde ich erkennen, dass das Ziel gut erreicht wurde?), eine Beschreibung der Entscheidungskompetenzen (Was kann eigenverantwortlich entschieden werden und was nicht?) und eine Planung von Zwischenberichten ein demotiviertes Zurückdelegieren vermieden werden. Das ist zwar ein grundlegendes Einmaleins der Personalführung. Dennoch ist trotz Zusagen von eigenverantwortlichem Handeln kontraproduktives Verhalten von Führungskräften immer wieder zu beobachten. Die Reaktionen der Mitarbeitenden liegen auf der Hand: Rückzug, halbherziges Engagement, Reduktion auf Dienst nach Vorschrift und Vorgaben, Idealisierung von früheren Zeiten und genervtes Abwinken von Anfragen sind einige Beispiele von Widerstandverhalten aufgrund von Demotivationen. Dahinter hat sich vermutlich bereits ein Gefühl der Leere und der Sinnlosigkeit breitgemacht.

Im Sinn des „Werte-Flügelrads" (s. Abb. 4, Kap. 2) besteht nun die Kunst des Führens darin, dass die Mitarbeitenden ihren Gestaltungs- und Entscheidungsrahmen, aber auch die strategischen Perspektiven der Abteilung und des Unternehmens kennen. Damit können die Sinnperspektiven des Unternehmens den Rahmen bieten, den die Mitarbeitenden mit ihren Überzeugungen, Anliegen und ihrem schöpferischen Engagement füllen können. Letztlich sollen alle Beteiligten sagen können: *„Ja, so macht das Arbeiten Sinn."*

4.6.3 Zusammenfassende Anforderungen an die Führungskraft

Den eigenen Kopf freizubekommen, um die wichtigsten Entscheidungen werteorientiert treffen zu können, ist eine wichtige Aufgabe. Dies bedeutet einerseits auf sich schauen, aber auch sich dadurch entlasten, dass die Mitarbeitenden im Rahmen ihrer Kompetenz ihre Verantwortungen wahrnehmen. Die Aufgaben einer Führungskraft sind deshalb:

Auf sich schauen und für sich sorgen:

- Sich mit den Strategien des Unternehmens so auseinanderzusetzen, um die eigene Identifikation zu finden
- Auszeiten und Zeiten der Reflexion schaffen (evtl. mit Gesprächspartnerinnen und -partner wie Coach, Kollegin oder Kollege …)
- Prioritäten setzen
- Die eigenen Entscheidungsfreiräume mit den vorgesetzten Stellen klären, wenn die Entscheidungskompetenz unklar sein sollte

Auf die Mitarbeitenden schauen und sie wahrnehmen:

- Den Verantwortungsbereich der Mitarbeitenden klären: Was sollen sie eigenständig entscheiden und gestalten? In welcher Form und zu welchen Themen sollen sie mich informieren?
- Herausforderungen und Problembearbeitungen bei den Mitarbeitenden belassen und die Lösungskompetenzen von den Mitarbeitenden einfordern
- Situative Anliegen und strategische Ideen der Mitarbeitenden ernst nehmen und bearbeiten
- Klären, welche strategischen Perspektiven die Mitarbeitenden brauchen, um ihre Eigenverantwortung wahrzunehmen
- Die Sinnhaftigkeit der strategischen Ziele, in die sich die meisten Lösungsansätze einzuordnen haben, im Bewusstsein der Mitarbeitenden halten

5 Implementierung einer intendierten Führungskultur

Die folgenden Kapitel handeln von der Praxis, wie diese Führungskultur, bei der die Eigenverantwortlichkeit gestärkt werden soll, auf alle Hierarchieebenen verankert wurde. Dabei werden Einblicke in konkrete Vorgangsweisen und in die methodische Arbeit gegeben und auf Erfahrungen in der Vinzenz Gruppe und in anderen Unternehmen im Rahmen meiner Beratungstätigkeiten zurückgegriffen. Manche konkreten Prozesse wie „Wertereise" und „Werteklausuren" zur Sensibilisierung und Stärkung von Wertehaltungen wurden bereits im Kapitel 2 unter „3.2 In Auseinandersetzungen Wertehaltungen stärken" berichtet. So ist dieses Kapitel ebenso als Anregung für die Leserinnen und Leser zu verstehen, um situationsangepasst selbst Wege der Kulturentwicklung zu planen und umzusetzen.

Vermutlich ist bei Kulturarbeit stets damit zu rechnen, dass die flächendeckende Implementierung einer beabsichtigten Kultur nie ganz gelingen wird, da immer auch kontraproduktive Kräfte am Werk sind. Um aber die Wahrscheinlichkeit des Erfolgs zu erhöhen, möchte ich von einer Lernerfahrung berichten. Als junger Berater erhielt ich den Auftrag, Basismitarbeitende eines industriellen Produktionsbetriebs für eine neu geplante Teamkultur zu schulen. Dies war das Anliegen des Top-Managements, die Abteilungsleiter haben das Anliegen der Geschäftsleitung abgenickt, aber sie haben sich – wie es sich später herausstellte – mit dem Projekt wenig identifiziert. So wurden die Mitarbeitenden geschult, konnten aber hochmotiviert vieles nicht umsetzen, weil ihre Vorgesetzten in alten Strukturen dachten und handelten. Dieses Projekt war für mich ein Lehrstück. Seitdem sehe ich eine Werte- und Kulturarbeit nur dann für sinnvoll an,

- wenn das oberste Management voll dahintersteht und auch einen klaren Nutzen sieht,

- wenn es klare Strukturen für die Kulturarbeit in der Organisation gibt und
- wenn der Kulturprozess an der Hierarchiespitze beginnt und über alle Führungsebenen top down ausgerollt wird.

Dann macht es auch Sinn, mit Mitarbeitenden an der Basis zu arbeiten, sie zu schulen und sie in ihren Haltungen und ihrem Verhalten zu stärken.

5.1 Werteworkshops mit Führungskräften

Bewährt hat sich, Werteworkshops mit Führungskräften aller Ebenen durchzuführen – beginnend mit der Geschäftsleitung. Als Berater konnte ich in unterschiedlichen Unternehmen Werte-Workshops mit ähnlichem Aufbau durchführen. Dabei wurden folgende Zielsetzungen ins Auge gefasst:

- Die teilnehmenden Führungskräfte haben den Sinn und Nutzen einer gezielten Führungskultur erarbeitet.
- Sie haben die organisationalen Voraussetzungen für Eigenverantwortung verstanden und
- identifizieren sich mit diesem Modell der „Vier Aspekte einer Führungskultur".
- Sie haben ein Handwerkszeug für die Entfaltung der Führungskultur erhalten und eingeübt.
- Sie haben konkrete Ansätze und nächste Schritte geplant, um als Kulturverantwortliche in ihrem Verantwortungsbereich die Kulturveränderung voranzutreiben.

Teilgenommen haben jeweils die Führungskräfte einer Ebene und die ihnen zugeordneten Mitarbeitenden mit Führungsverantwortung. So gab es z. B. bei dem Kulturprozess der Pflegeorganisation „Haus der Barmherzigkeit" (Pflegekrankenhäuser und Pflegeheime in Wien und Niederösterreich) einen Workshop mit den Geschäftsführenden der Gesamtorganisation und den Pflege- und ärztlichen Direktor*innen der einzelnen Häuser. Die Pflegedirektor*innen hatten einen zweiten Workshop mit ihren Stationsleitungen, ebenso die ärztlichen Direktor*innen mit deren fachlichen Abteilungsleiter*innen usw. Dieser zweite Workshop war im Wesentlichen inhaltlich ähnlich aufgebaut wie der erste. Der Vorteil dieses Konzepts ist, dass die jeweiligen konkreten Führungsbeziehungen der Anwesenden auf die intendierte Kultur hin reflektiert werden und die meisten Führungskräfte durch die Teilnahme an zwei Workshops sich intensiv mit der Thematik „Führungskultur“ auseinandersetzen konnten. Einige bewährte Elemente dieser Workshops werden nun im Folgenden beschrieben.

5.1.1 Den Sinn und Nutzen einer gezielten Führungskultur erarbeiten

In der Einstiegsrunde führe ich gerne neben Fragen des Vorstellens mit einer Fragestellung zum Thema hin, so z. B.: „Angenommen, es gelingt, dass alle Führungskräfte diese beabsichtigte Beziehungskultur leben: Wer sind die Gewinner und was gewinnen sie?“ Mit dieser Frage soll die Motivation gehoben bzw. geklärt werden. Die am Workshop Teilnehmenden sollen ihr „leuchtendes Wozu“ finden, das ihnen auch die Energie gibt, konsequent an dieser Kultur zu arbeiten. Dieses stärkt die Bereitschaft, selbstpersönlichen Gewohnheiten zu ändern und sich genügend Raum für diesen Prozess neben all den alltäglichen Anforderungen zu nehmen. Der ersten Runde räume ich viel Zeit ein (Einzelarbeit, Sammlung im Plenum), damit die Logik der Sinnhaftigkeit und die emotionale Motivation bei den Teilnehmenden als Basis wirkt.

Hier ist eine kleine Auswahl der genannten und schriftlich festgehaltenen Antworten auf diese Frage nach der Motivation:

- Mitarbeitende sind zufrieden, geringe Fluktuation
- Mitarbeitende können sich aufeinander verlassen
- Gutes Arbeitsklima, hohes Engagement
- Attraktiver Arbeitgeber am heiß umkämpften Personalmarkt
- Unsere Mitarbeitenden werden zu Spitzenteams
- Wir ziehen vom Markt gute Mitarbeitende an
- Abläufe werden modifiziert und laufen effizient
- Stimmung färbt auf Patientenbeziehungen ab
- Qualität der Betreuung steigt
- Hohe Zufriedenheit der Patientinnen und Patienten
- Resilienz wird gestärkt und erzeugt Stabilität in Krisenzeiten
- Gutes Image des Unternehmens

Vorstellrunden können rasch oder langatmig über die Bühne gehen. Mit diesem Einstieg steigt der Wunsch, in dem Workshop etwas zu erarbeiten, das auch nachhaltig den eigenen Führungsalltag erleichtert und mit Freude füllt. Die „Kosten-Nutzen-Waage“ während des gesamten Workshops im Blick zu haben, ist ein Erfolgsfaktor solcher Workshops.

5.1.2 Kultur auf konkretes Führungsverhalten deklinieren

Um gut verstehen zu können, was die jeweiligen Aspekte der Führungskultur (s. Tabelle Kap. 4) für den persönlichen Führungsalltag bedeuten, sollten diese in das konkrete Verhalten übersetzt werden. Nach meiner Erfahrung braucht dieser einfache logische Schritt eine konsequente Moderation, die darauf achtet, dass auf die Frage „Was tut eine Führungskraft, die diese Kultur stärkt?" tatsächlich Handlungswörter (Zeitwörter) genannt werden. Damit wird konkretisiert, was jemand zu tun hat, um die intendierte Kultur zu fördern. Führungskräfte neigen dazu, auf diese Frage mit Hauptwörtern oder Eigenschaftswörtern zu antworten. Dazu zur Veranschaulichung ein Beispiel: Das Substantiv „Motivation" ist vieldeutig. Es kann bedeuten: selbst motiviert arbeiten; bei sich wahrnehmen, was mich selbst motiviert und demotiviert; Mitarbeitende fragen, was sie in der Arbeit motiviert; selbst mit Freuden von Zielen reden; Mitarbeitende fragen, was von dem Vorhaben für sie attraktiv ist.

Beim Übersetzen in das konkrete Verhalten sind zwei Schritte zu empfehlen:

5.1.2.1 Das kontraproduktive Verhalten in den Blick bekommen

Zur Methode: Nach einem kurzen Input, was Viktor Frankl unter „existenzielles Leben" versteht (s. Kap. 2, 2.1.1) erzähle ich von der Erfahrung, dass viele Mitarbeitende nicht verantwortungsvoll auf aktuelle Herausforderungen antworten können, weil die Führungskräfte es durch ihr Verhalten verhindern. Es braucht vier organisationale Voraussetzungen, die ich kurz vorstelle. Auf je einer Pinnwand steht nun eine dieser Überschriften, ein Aspekt der intendierten Führungskultur:

- Kultur der Transparenz und der Orientierung
- Kultur der Reflexion und des Interesses füreinander
- Kultur der Beachtung der Einzelnen
- Kultur des eigenverantwortlichen Engagements

Es folgt nun eine Schreibediskussion: Auf jeder Pinnwand stehen drei gleichlautende Fragen. Die Teilnehmenden gehen von Pinnwand zu Pinnwand, schreiben ihre Antworten dazu; sie lassen sich von dem, was die Kolleginnen und Kollegen geschrieben haben, inspirieren und entwickeln deren Gedanken weiter. Im Anschluss wird das Ergebnis vorgelesen, Verständnisfragen werden gestellt bzw. ergänzende Kommentare angemerkt.

Um die Methode zu verstehen, erläutere ich im Folgenden die dahinterstehende Intention zu jeder der drei Fragen. Einige Beispiele von gegebenen Antworten sollen diesen Vorgang veranschaulichen.

Frage 1: Welche Chancen wollen wir mit dieser Kultur ergreifen?

Letztlich geht bei dieser Fragestellung um die Präzisierung der Kosten-Nutzen-Waage. Das Attraktive, das wie ein schöpferischer Wert motiviert („das leuchtende Wozu"), soll deutlich gesehen werden. Der Begriff „Chancen" drückt für mich aus, dass einem etwas Wertvolles nicht automatisch in den Schoß fällt, sondern dass dafür etwas getan werden muss – ich muss die Chance ergreifen. Chancen beinhalten auch den unausgesprochenen Appell, sich diese gute Gelegenheit nicht entgehen zu lassen. Antworten z. B. zur „Kultur des Interesses füreinander" sind:

- Lebendigkeit im Team fördern
- Rechtzeitig erfahren, wenn Mitarbeitende demotiviert sind
- Erfahren, wofür die Mitarbeitenden brennen
- Persönliche Erfolge werden als solche bewusst gemacht

Frage 2: K.-O.-Verhalten von Führungskräften?

Mit „K.-O.-Verhalten" ist kontraproduktives Verhalten von Führungskräften gemeint, mit dem sie diesen Aspekt der Kultur zerstören bzw. gar nicht aufkommen lassen. Damit sollen die negativen Verhaltensweisen anschaulich beschrieben werden. Die eigentliche Intention dieser Fragestellung ist aber das Bewusstwerden, wie leicht durch unüberlegtes Handeln eine Kontrastkultur aufgebaut wird, obwohl man diese gar nicht beabsichtigt. Dieser Schritt motiviert, das eigene Führungsverhalten genauer zu beobachten und gezielt an dem eigenen Führungsverhalten zu arbeiten. Mögliche Antworten z. B. zur „Kultur der Beachtung des Einzelnen" sind:

- Sich über Vorschläge von Mitarbeitenden öffentlich lustig machen
- Selbst die interessanten Themen bearbeiten, weniger Interessantes delegieren
- Bei Fehlern Mitarbeitende zur Schnecke machen

Frage 3: K.-O.-Verhalten von Mitarbeitenden?

Auf diese Fragestellungen werden erfahrungsgemäß eher weniger Antworten geschrieben. Warum das so ist, weiß ich nicht. Beim zusammenfassenden Präsentieren der Ergebnisse können interessante Diskussionen zu dieser Frage entstehen. Denn bei einer Kulturentwicklung kommt es nicht nur auf das Verhalten der Führungskraft an. Es braucht auch Mitarbeitenden, die sich auf das Führungsverhalten einlassen und die Chance dieser Kultur erkennen. Mit dieser Frage wird bewusst, dass das Entfalten einer bestimmten Kultur ein gezieltes Arbeiten an sich selbst, aber auch an der Entwicklung der Mitarbeitenden beinhaltet. Genau genommen ist es ein Erziehungsprozess, bis die Mitarbeitenden verstehen, was von ihnen erwartet wird und was nicht gewünscht ist. Allen Beteiligten muss klar werden: Wir wollen weg von dieser konkreten Kontrastkultur und wollen hin zu dieser konkreten Zielkultur. „Konkret“ wird die Kultur durch die Beschreibung von Verhalten aller Beteiligten und der positiven Auswirkungen dieser Verhaltensweisen.

Antworten zu dieser Frage sind z. B. zur „Kultur der Transparenz und der Orientierung“:

- Kein Interesse für Informationen der Führungskraft zeigen
- Alles wortlos entgegennehmen und nach der Information schimpfen
- Sich nicht an Vereinbarungen halten und tun, was sie/er will

Mit der Auswertung der Schreibmediation wird einerseits die Sinnhaftigkeit dieser Führungskultur mit ihren vier Aspekten erschlossen, andererseits untermauert die konkrete Kontrastkultur die Entschlossenheit, sich auf die Zielkultur einzulassen. Nach einer Pause ist dann die Gelegenheit, anhand der tabellarischen Übersicht „Vier Aspekte einer Führungskultur“ die notwendigen Voraussetzungen für eine Kultur des eigenverantwortlichen Handelns“ ausführlich vorzustellen und zu erklären (s. Kap. 4). Zur Erinnerung sei hier nochmals erwähnt, dass die Kontrastkultur und somit auch das kontraproduktive Verhalten keine Beschreibung von „bösen“ Führungskräften ist, sondern dass es aufgrund des hohen Arbeitspensums jeder und jedem passieren kann, unbeabsichtigt den Weg der Zielkultur zu verlieren und in die Kontrastkultur zu „rutschen“.

5.1.2.2 Das kulturstiftende Verhalten präzisieren

Eine Liste von positiven Verhaltensbeispielen, mit denen eine Führungskraft die einzelnen Kulturaspekte entwickeln und stärken kann, gibt den Führungskräften Orientierung. In der Vinzenz Gruppe wurde der Auftrag an die Führungskräfte, an der Führungskultur zu arbeiten, „Kulturstiftung“ genannt. So wurden gemeinsam mit den Betroffenen solche Listen von kulturstiftendem Verhalten erstellt. Je nach zeitlichem Ausmaß vom Workshop kann dieser Prozess auf einen späteren Zeitpunkt (Folgeworkshop, Arbeitsgruppe, Einstieg bei Sitzungen) ausgelagert werden. Wenn z. B. an einem Folgeworkshop oder an einer anderen Stelle das kulturstiftende Verhalten zu den einzelnen Aspekten der Zielkultur erarbeitet wird, hat das den Vorteil, dass durch diese Wiederholung nach einem zeitlichen Abstand die Wichtigkeit betont und die Inhalte der Führungskultur in Erinnerung gerufen werden. Oder es werden am Ende des ersten Workshops Möglichkeiten von kulturstiftendem Verhalten in Form eines Brainstormings zu jedem

Aspekt der Führungskultur gesammelt. Dieser Abschluss wirkt wie eine Zusammenfassung bzw. ein nochmaliges Auf-den-Punkt-Bringen. Mit dem letzten Schritt wird auch sichtbar, was die Teilnehmenden verstanden haben.

Es hat sich bewährt, aus mehreren Workshops die für das jeweilige Unternehmen treffendsten Aussagen zu einem gemeinsamen Dokument zusammenzufassen. Diese „Landkarte der Führungskultur" kann als Grundlage für weitere Maßnahmen dienen. Daraus wurden z. B. in der Vinzenz Gruppe Führungsgrundsätze entwickelt[32]. Bei Schulungsworkshops neuer Führungskräfte oder auch für Zwischenanalysen kann diese Landkarte als Analyseinstrument genutzt werden, um mithilfe dieser Beispiele für kulturstiftendes Verhalten die eigenen Stärken und Entwicklungsfelder zu finden. Ein Beispiel einer solchen „Landkarte einer Führungskultur der Eigenverantwortlichkeit" ist im Anhang A 4 zu finden.

5.1.3 Handlungsbedarf durch Selbstreflexion orten

Ziel dieser Werteworkshops ist es unter anderem, mit den teilnehmenden Führungskräften konkrete Veränderungen der aktuell gelebten Führungskultur zu beginnen. Es soll in den Verhaltensweisen und somit in der erlebten Kultur etwas in Bewegung kommen. Nach der Schreibmediation, in der sie sich mit der Sinnhaftigkeit dieser intendierten Kultur und sehr pointiert mit dem unerwünschten Kontrastverhalten auseinandergesetzt haben, und der inhaltlichen Erläuterung der Tabelle „Vier Aspekte einer Führungskultur" ist der Boden für selbstkritische Reflexionen bereitet. Dazu zwei Schritte, die hintereinander folgen: eine Übung zur Selbstreflexion und eine Feedback-Übung.

Wenn es der Zeitplan und die örtlichen Gegebenheiten erlauben, soll sich jede Person bei einem kurzen Spaziergang oder in einem stillen Raum mit folgenden Fragen auseinandersetzen:

- Welchen Handlungsbedarf sehe ich bei mir auf der personalen Seite?
  - Was sollte ich an meinem Leben ändern, um mein Fundament lebendig zu halten?
  - Was brauche ich von meinen Vorgesetzten?
- Welchen Handlungsbedarf sehe ich bei mir als Führungskraft auf der organisationalen Seite?

32 S. „Eckpfeiler 5: Werteorientiertes Führen" in: Vinzenz Gruppe 2014, Sieben Eckpfeiler.

Ziel dieser Reflexion ist es, für sich selbst zu erkennen, welche Veränderungen angebracht sind. Wichtig ist dabei, mit Vernunft zu reflektieren und gleichzeitig in sich hineinzuhören, welcher Ansatz intuitiv die innere Zustimmung bekommt. Dieses innere Ja hat die Qualität der Zuversicht und der Leichtigkeit. Es eröffnet sinnvolle Perspektiven, die logisch wirken und gleichzeitig etwas Reizvolles darstellen. Wenn jemand beim Nachforschen nach Weiterentwicklungen körperlich in Bewegung ist, kann auch leichter einiges im Inneren in Bewegung kommen. Deshalb empfehle ich gerne ein Nachdenken im langsamen Gehen oder einen Austausch bei einem kleinen Spaziergang. Dieser Einzelarbeit in Stille folgt ein Austausch zu zweit. Dabei wird nur darüber geredet, was jede und jeder erzählen will.

5.1.4 Veränderungen aufgrund von Feedbacks vereinbaren

Nur Selbsteinschätzung, wie die Führungskraft selbst ihr Führungsverhalten sieht, ist zu wenig. Es braucht auch die Rückmeldungen der Mitarbeitenden. In dem Feedback spiegeln sie ihrem Vorgesetzten, wie sie die vier Aspekte der Führungskultur subjektiv erleben und was sie von ihrem Vorgesetzten zusätzlich brauchen, um noch besser eigenverantwortlich und engagiert arbeiten zu können. Damit können blinde Flecken der Führungskraft erhellt werden. Verordnete Feedbacks von Mitarbeitenden an deren Führungskräfte lösen häufig bei den Führungskräften Ängste aus. Deshalb verwende ich ein klares Setting (s. unten), welches auch den Führungskräften Sicherheit gibt und das ich mit der Methode des „Rollen-Verhandelns" kombiniere. Damit werden Veränderungen in der Führungsbeziehung vereinbart.

Auf diesen Werteworkshops sind nun zwei Führungsebenen anwesend. Je nach Zielgruppe und Anzahl der Teilnehmenden werden die Feedbacks an die Vorgesetzten entweder im Plenum – was ich bevorzuge – oder in Kleingruppen durchgeführt. Feedback im Plenum entzaubert den Mythos, dass es um sehr persönliche Angelegenheiten gehen sollte und dass es wegen etwaiger Verletzungen oder Verlust an Autorität für die Vorgesetzten gefährlich werden könnte. Es geht einfach um Wünsche der Mitarbeitenden an das Verhalten der Chefin bzw. des Chefs, damit sie ihren Job besser tun können. Die Chefin bzw. der Chef sind aber nicht dazu da, alle Wünsche zu erfüllen. Die Zielrichtung dieser Übung ist nicht primär das Aufarbeiten von vergangenen Problemen, sondern das Ausverhandeln der zukünftigen Zusammenarbeit. Was immer in der Vergangenheit falsch gelaufen sein mag, so ist es die Aufgabe des Moderierenden darauf hinzuweisen, dass es hier um subjektives Erleben geht. Seit der Erklärung der Kontrastkultur müsste in diesem Workshop klar sein, dass niemand fehlerfrei ist und niemand von den Anwesenden immer optimal agiert. Aus dem Vergangenen lernen, um die Zusammenarbeit in Zukunft zu regeln, das ist Kern dieser Übung und ein Zeichen von reifen Persönlichkeiten.

Zum Ablauf der Methode: Anhand von drei Fragen bereiten sich die Mitarbeitenden vor, um ihre Wünsche an das Verhalten der Vorgesetzten zu äußern. Die Fragen können in etwa lauten:
„Damit ich genug an Orientierung habe, genug an Reflexionsräumen habe, auch Beachtung von Ihnen bekomme und mich eigenverantwortlich engagieren kann,

- Tue weiterhin …
- Tue wenig oder tue gar nicht …
- Tue verstärkt, tue mehr …"

Die Wünsche an das Verhalten werden den jeweiligen Vorgesetzten vorgetragen. Dabei sollte auch genug Aufmerksamkeit dem anerkennenden Feedback („Tue weiterhin …") gegeben werden. Es sollte konkret angesprochen werden, womit die Führungskraft ihre Mitarbeitenden bereits unterstützt und sie in ihrer Eigenverantwortlichkeit fördert. Praktische Beispiele dazu machen das Feedback glaubwürdig. Auch Vorgesetzten tun konkrete Wertschätzungen gut. Die Führungskraft, die das Feedback bekommt, ist angehalten, sich zu allen Rückmeldungen Notizen zu machen, auch zu den positiven. Von der Moderation wird gleich zu Beginn darauf hingewiesen, dass die Feedback-Gebenden damit rechnen müssen, dass nicht alle Wünsche erfüllt werden. Am Ende bekommt die Führungskraft Zeit, ihre Aufzeichnungen nochmals zu überdenken, um anschließend rückzumelden, welchen Wünschen sie in Zukunft entsprechen wird. Durch diese Zusagen werden Vereinbarungen getroffen. Idealerweise werden diese in irgendeiner Form auch schriftlich festgehalten.

Entscheidend ist, dass die Moderatorin bzw. der Moderator die Ziele dieser Übung stets im Blick hat:

- Die Führungskraft soll wissen, wie ihre Mitarbeitenden ihr Führungsverhalten erleben, mit welchem Verhalten sie die Eigenverantwortlichkeit der Mitarbeitenden fördert und was sie an ihrem Verhalten ändern soll, um das Engagement der Mitarbeitenden zu stärken.
- Am Ende dieser Übung soll es klare Vereinbarungen geben, wie die Führungsbeziehung in Zukunft laufen soll, evtl. sogar was sich an der Zusammenarbeit ändern wird – auch wenn es nur Kleinigkeiten sind. Das Erleben von tatsächlicher Veränderung ist wichtig.

- Mit dieser Übung sollen die Haltungen des Feedbacks eingeübt werden. Deshalb soll dieses auch in Form eines streng moderierten Rituals ablaufen.
- Viertes Ziel dieser Übung ist es, dass die Führungskräfte der „unteren Ebene", also die Feedback-Gebenden, im positiven Sinn erfahren, wie gut es tut, im Feedback ernstgenommen zu werden und auch Zusagen zu bekommen. Damit sind sie motiviert, auch von ihren Mitarbeitenden Feedback einzuholen. Sie haben ihre Chefs als nachahmenswerte Vorbilder erlebt.

Mit dieser Methode des „Rollen-Verhandelns"[33], das in klaren Vereinbarungen mündet, wurde ein Instrument eingeübt, das die Führungskräfte selbstständig immer wieder anwenden können. Gleichzeitig ist damit ein erster Schritt in Richtung Kulturentwicklung und -veränderung getan.

Eine spannende Erfahrung war in einem Folgeworkshop, in dem professionsübergreifendes Feedback notwendig bzw. auch verlangt wurde. So haben z. B. Pflegedirektorin und ärztlicher Direktor miteinander ihre Arbeitsbeziehung neu ausverhandelt. Da diese Gespräche unter vier Augen ohne Moderation stattfanden, wurde ein dafür ausgearbeitetes Arbeitsblatt zu ihrer Orientierung zur Verfügung gestellt. Auf diesem wurde viel Wert darauf gelegt, dass bereits in der Vorbereitung anerkennendes Feedback konkretisiert wird. Die Fragen wurden so formuliert, dass kritisches Feedback leicht anzunehmen ist. Um beim gegenseitigen Rückmelden die Haltungen einzuüben, wurde die Feedbackübung in einem pointierten Ritual eingebettet. Dieses Arbeitsblatt „Kollegiales Feedback" mit dem Ritual diente somit als Leitfaden für dies Feedbacks in Kleinstgruppen. Dieses ist im Anhang A 2 zu finden. Nach den bilateralen Gesprächen war eine Reflexion der Übung auf der Metaebene notwendig, um auszuloten, in welcher Form diese Übung im zukünftigen Alltag anwendbar ist. Das Ritual, wie es im Arbeitsblatt angegeben ist, kann in dieser Pointiertheit nur im Workshop angewandt werden.

5.1.5 Persönliche Entwicklungsschritte planen

Nachdem für jeden einzelnen Teilnehmenden klar ist, welche Kultur gewollt ist, was dies konkret für das eigene Führungsverhalten bedeutet und durch Selbstreflexion und Feedback der persönliche Handlungsbedarf offensichtlich wurde, sind konkrete Schritte für die zukünftige Kulturarbeit im eigenen Verantwortungsbereich zu planen. In einer „Nachdenk- und Nachspürphase" geht es wieder darum, die situative Priorität von der Vernunft her zu erfassen

33 Diese klassische Übung des „Rollen-Verhandelns" kommt in der Literatur immer wieder als Konfliktlösungsmethode vor. Der ursprüngliche Autor konnte nicht verlässlich recherchiert werden.

und das sinnvoll Attraktive, was jemand gerne und mit Leichtigkeit angehen möchte, zu erspüren. Idealerweise sollte ein eher überschaubar kleines Vorhaben, das realistischerweise Aussicht auf Erfolg hat, geplant werden. Das leuchtende Wozu sollte dabei klar benennbar sein.

Hilfreich sind bei der Planung von zukünftigen Schritten Austauschgespräche, in denen sich die Gesprächspartner durch gezielte Fragen das Umsetzungsvorhaben auf die Rüttelstrecke[34] schicken. Als Hilfestellung für den Gesprächspartner werden Orientierungsfragen zur Verfügung gestellt, mit denen das Vorhaben auf Attraktivität, Machbarkeit und Ressourcen hinterfragt wird. Solche Orientierungsfragen zur Unterstützung des Gesprächspartners könnten z. B. sein:

- Was hast du vor und mit welcher Zielsetzung?
- Wer wird was gewinnen? Was wird der Gewinn für dich persönlich sein?
- Was wird der „Preis" sein, den du investieren musst?
Was wirst du dafür aufgeben oder zurückstellen müssen?
Ist dieser Preis für dein Vorhaben wirklich wert?
- Was wird sich durch das erfolgreiche Umsetzen des Vorhabens verändern?
Welche der Veränderungen wirst du selbst am meisten spüren?
Was davon wird dir nicht leicht fallen?
- Wer oder was wird dich unterstützen, damit du bei der Fülle von Aufgaben für dieses Vorhaben auch tatsächlich Raum und Zeit bekommst?
- Mit welchen Gefahren, Stolpersteinen und Widerständen musst du rechnen?
Wie könntest du diesen entgegenwirken?
- Was wird dir helfen, wenn du bei der Umsetzung einen Rückfall erlebst?
- Hast du bereits in der Vergangenheit etwas getan, das als Vorarbeit diesem Vorhaben dienen kann?
- Nenne mir einen kleinen Schritt, den du morgen bereits tun wirst, damit die Entschlossenheit für dieses Vorhaben für dich selbst sichtbar wird?

Wenn jemand kostbare Perlen im Sand verloren hat, dann hilft das Sieben des Sandes. In der Rüttelstrecke geht es darum, das Vorhaben auf die motivierenden Perspektiven hin zu sieben, um das kraftvolle Sinngebende nochmals ins Bewusstsein zu heben. Somit endet der Workshopprozess wieder mit der Kosten-Nutzen-Waage.

---

34 Nähere Ausführung unter Kinast/Milz 2013, S. 32 f.

5.2 Kulturprägende Mitarbeitende stärken

Führungskräfte sind Schlüsselpersonen, weil sie mit ihrem starken Einfluss bewusst oder unbewusst kulturstiftend wirken. Deswegen empfehle ich bei einer strukturierten Kulturentwicklung von der obersten Führungsebene ausgehend top down über alle Führungsebenen an den Haltungen, am Verhalten und an konkret Sichtbarem wie Strukturen, Leistungsangeboten und Abläufen zu arbeiten. Solche Prozesse brauchen Zeit. Letztlich mündet jede Führungskultur in eine Kultur des internen Umgangs untereinander. Wenn Führungskräfte sich z. B. um eine transparente Informationskultur bemühen und durch klare Zuständigkeiten Orientierung schaffen, dann erwarten sie von den Mitarbeitenden, dass diese ihrerseits ihnen gegenüber und untereinander für Transparenz sorgen und die Zuständigkeiten auch wahrnehmen. Wenn Führungskräfte mit den Mitarbeitenden über deren Befindlichkeiten, Ideen und Sichtweisen Gespräche führen, dann werden sie auch darauf achten, dass die Mitarbeitenden untereinander aufmerksam miteinander umgehen. So sollten ebenso eine wertschätzende Umgangskultur und eine Feedbackkultur unter den Mitarbeitenden gelebt werden, bei der anerkennende Rückmeldungen und kollegiale Kritik zur Selbstverständlichkeit werden. Wer an einer Führungskultur der Eigenverantwortung arbeitet, der möchte das Ziel erreichen, dass das Team miteinander gestaltend tätig wird – sowohl was die Aufgaben als auch die Zusammenarbeit betrifft. So mündet gezielte Arbeit an der Führungskultur in eine gezielte Arbeit an der Team- bzw. Unternehmenskultur.

So entstand in der Vinzenz Gruppe nach einigen Jahren der Schwerpunkt, kulturprägende Mitarbeitende, die die Teamkultur positiv prägen, zu identifizieren und zu stärken. Dahinter steckt die Überzeugung, dass kulturelle Prägungen in einer Gruppe von einer starken Überzeugergruppe ausgehen. „Stark“ ist hier gemeint im Sinne von „in den Wertehaltungen gut verankert“, „von Wertehaltungen überzeugt“, „eindeutig und authentisch im alltäglichen Handeln“ und „mit positivem Einfluss auf die Kolleginnen und Kollegen“. Diese Überzeugergruppe kann weitere Mitarbeitende mit ihren Wertehaltungen überzeugen und durch ihr Vorbild zur Nachahmung motivieren. War der Ausrollprozess der Führungskultur top down, geht es hier um die Kulturentwicklung bottom up. Um die Kulturentwicklung in den Teams nicht dem Zufall oder gar den destruktiven Kräften zu überlassen, wurde nun dieses Projekt „Kulturprägende Mitarbeitende stärken“ initiiert. Dabei haben wir uns im Planungsprozess, bei denen uns die Gremien und die Struktur des Wertemanagements (s. Kap. 7) wieder sehr hilfreich waren, mit drei Fragen auseinandergesetzt:

- Wer sind die kulturprägenden Mitarbeitenden: Was zeichnet sie aus? Was tun sie konkret? Was erwarten wir von ihnen?
- Welche Wege sehen wir, um diese kulturprägenden Mitarbeitenden zu identifizieren?
- Welche Maßnahmen können wir setzen, um diese in ihrer Rolle auch zu stärken?

Hier möchte ich beispielhaft einige Ergebnisse aus den Diskussionsprozessen in den einzelnen Häusern des Gesundheitsunternehmens und in der Zusammenführung berichten.

5.2.1 Beschreibung von kulturprägenden Mitarbeitenden

Durch die Diskussionen zu diesen Fragestellungen in den einzelnen Einrichtungen und die Zusammenführung der einzelnen Ergebnisse wurde präzisiert, wer die Zielgruppe, die gestärkt werden soll, nun tatsächlich ist, worauf die Verantwortlichen den Fokus bei der Kulturprägung legen und wie sie die Kultur prägen sollten.

Die Zielkultur, die hier beschrieben wurde, wurde von der konkreten Situation des Unternehmens, das sich in einem raschen Umstrukturierungsprozess befand, aber auch von dem christlichen Auftrag der Eigentümerin abgeleitet. So wurde der Fokus gelegt auf „Einander wahrnehmen", „Sinnvolle Perspektiven eröffnen", „Versöhnung und Neuanfang ermöglichen", „Das Vorhandene dankbar schätzen" und „Für sich selbst sorgen" gelegt.

Mit der Beschreibung, was kulturprägende Mitarbeitende auszeichnet und was sie konkret tun, wurde die Zielgruppe näher beschrieben. Indirekt wurden damit auch die Erwartungen definiert.

Wieder als Anregung für ähnliche Projekte werden hier beispielhaft einige Auszeichnungsmerkmale solcher Persönlichkeiten angeführt:

- Sie leben respektvollen Umgang, egal wer das Gegenüber ist und in welcher Situation sie sich befinden (stabile Persönlichkeit).
- Beeinflussen Kolleginnen und Kollegen in positivem Sinn.
- Holen aktiv Informationen über Vorgänge ein, die vordergründig nicht nachvollziehbar sind.
- Erkennen Chancen in Veränderungen und in unvorhersehbaren Problemstellungen.
- Fühlen sich mit dem Haus verbunden – auch in schwierigen Zeiten – und reden gut über das Unternehmen.

- Zeigen Zivilcourage dadurch, dass sie Fragwürdiges und Kulturstörendes ansprechen und hinterfragen – bei Kolleginnen, Kollegen und Vorgesetzten.

5.2.2 Wege, um kulturprägende Mitarbeitende zu identifizieren

Manche Mitarbeitende, die wie eine gute Seele im Team wirken, fallen den Führungskräften gar nicht so auf. Wer den anderen unterstützt oder dessen Fehler korrigiert, bleibt den Chefs oft verborgen. Je größer die Führungsspanne und je größer das Team ist, desto weniger werden die informellen „Stimmungs-Präger*innen" sichtbar. Deswegen war die Frage entscheidend: Wenn wir nun wissen, wen wir suchen und wen wir in dieser positiven Rolle stärken wollen, dann müssen wir auch Möglichkeiten suchen, wie wir unsere Zielgruppe finden. Vermutlich fallen jeder Führungskraft sofort ein oder zwei Personen als positive Kräfte im Team ein. Aber gerade jene, die im Hintergrund konstruktive Fäden ziehen, sollten ebenso hervorgeholt werden. Manche brauchen sogar Zuspruch und Ermutigungen. Folgende Wege zum Finden von kulturprägenden Personen wurden u. a. gefunden:

- Bereits offensichtliche Kulturträger*innen befragen
- In Teambesprechung „Kulturprägende Mitarbeitende" zum Thema machen
- Teilnehmende von einschlägigen Werteveranstaltungen ansprechen
- Wahrnehmungen von der Seelsorge einholen
- Bereits beim Einstellungsgespräch und in der Probezeit kultursensible Menschen erkennen

Bei diesem Projekt wirkte die Sorge, dass nun einzelne Menschen offiziell das Etikett „kulturprägende Mitarbeiter*in" umgehängt bekommen, wie eine Bremse im Projekt. Damit wurde aber klar, was nicht passieren durfte: dass einzelne Personen über die anderen gestellt werden – mit dem Motto „Du bist ein guter Kulturträger, die anderen sind es leider nicht!" bzw. dass jene, die ebenso ihren wichtigen Beitrag für ein gutes Abteilungsklima leisten, sich übergangen und damit demotiviert fühlen. In dieser Auseinandersetzung wurde die Zielsetzung nochmals korrigiert: Ziel ist, dass alle Mitarbeitenden sich für ihr Arbeitsklima verantwortlich fühlen und ihren positiven Einfluss auf ihre Umgangskultur wahrnehmen. Es braucht aber Multiplikator*innen, mit denen pilotmäßig begonnen werden soll.

5.2.3 Maßnahmen zur Stärkung der kulturprägenden Mitarbeitenden

Jede Einrichtung hat aus dem Ideenreichtum des gesamten Prozesses schöpfen können und hausindividuelle Maßnahmen gesetzt. Darüber hinaus gab es einrichtungsübergreifende Angebote:

Einrichtungsübergreifende Angebote:

- Workshops und Seminare „Das eigene Umfeld prägen"
- Exkursionen zu branchenfremden Unternehmen mit spezieller Kulturarbeit
- Sogenannte „Tage für mich": Besinnungstag zur persönlichen Reflexion der Arbeitssituation und persönlichen Stärkung

Weitere Ideen:

- Kamingespräche mit Geschäftsleitung oder anderen interessanten Persönlichkeitenzu Kulturthemen
- Einbinden in kulturprägende Projekte
- Hausinterne Reisen zu Orten von Gründerinnen und Gründer der Orden (Gründerreisen)
- Gemeinsame Themen-Wanderungen/Wallfahrten
- Für viele genügt: Sie einfach auf ihre Rolle als kulturprägende Mitarbeitende ansprechen und versichern, dass ihre besonderen Leistungen wahrgenommen und geschätzt werden

Zwei Erfahrungen möchte ich von den einrichtungsübergreifenden Workshops erwähnen: Die Gruppen waren von den Professionen her sehr gemischt. Interessant war darüber hinaus, dass einzelne Teilnehmende eher „negative Kulturpräger*innen" waren und gerade deshalb von ihren Vorgesetzten zum Workshop geschickt wurden – mit der Absicht: Denen tut das sicherlich gut, ihre Rolle im Team neu zu definieren. Die Rechnung dürfte aufgegangen sein. Die zweite Erfahrung betrifft eine Teilnehmerin, die gleich in der ersten Einstiegsrunde rückgemeldet hat: „In letzter Zeit habe ich mich im Team zurückgezogen. Dann kam jemand von der Krankenhausleitung mit der Einladung zu diesem Workshop auf mich zu und meinte: Sie haben sich oft wertvoll für ein gutes Arbeitsklima unter den Kolleginnen und Kollegen eingesetzt. Was immer geschehen ist: Vielleicht ist dieser Workshop genau das Richtige für Sie!" Dann ergänzte sie und unterstrich damit die Sinnhaftigkeit dieses Prozesses: „In diesem Moment habe ich mich in besonderer Weise ernstgenommen gefühlt. Ich habe nie damit gerechnet, dass jemand mein Engagement anerkennt!"

Viele Maßnahmen in der unternehmerischen Werte- und Kulturarbeit bewirken eine Stärkung der Wertehaltungen. Sie sollten allerdings bewusst gesetzt werden. Die Wirkung ist nicht sofort messbar. Menschen, die sich mit den

Unternehmenswerten identifizieren und sich für ihre eigenen Wertevorstellungen auf konstruktive Weise einbringen, sind für ein Unternehmen tragend – egal, auf welcher Hierarchieebene.

5.3 Arbeiten mit der „Landkarte einer Führungskultur"

Diese Systematik der vier Aspekte einer Führungskultur, die das eigenverantwortliche Engagement fördert, kann nun in unterschiedlichen Variationen methodisch und situativ angewandt werden. Dazu möchte ich drei Beispiele bringen, wie man mit diesen vier kulturellen Aspekten als einfaches Instrument arbeiten kann. Diese „Landkarte einer Führungskultur" (s. Anhang A 4) kann wie eine Schablone genutzt werden, um den aktuellen Status der tatsächlich erlebten Kultur aus Sicht der Führungskraft und der Mitarbeitenden zu erfassen und daraus den konkreten Handlungsbedarf abzuleiten.

5.3.1 Ressourcenschonende Kulturentwicklung in einem Profit-Unternehmen

Die folgende Erfahrung der Anwendung der vier organisationalen Voraussetzungen stammt von der Arbeit mit einem komplexen Unternehmen aus der Baubranche. Dieses Unternehmen hatte als Gesamtanbieter eigene Abteilungen mit den unterschiedlichsten Gewerken, die in Projekten gut miteinander abgestimmt ihre Leistungen anboten. Projektleiter koordinierten die einzelnen Abteilungen wie z. B. die Abteilung der Baumeister, der Installateure, der Elektriker etc. Sie sorgten dafür, dass vereinbarte Termine und Qualitäten auch eingehalten werden. Voraussetzungen für reibungsfreie Abläufe waren eine gute Kommunikation untereinander und ein unternehmerisches Verantwortungsbewusstsein, das über die einzelne Abteilung hinaus reichte. In meinem Auftragsgespräch mit dem Geschäftsführer wurde klar, dass es hier um Haltungs- und Kulturthemen ging. „Wir brauchen eine neue Kultur der Zusammenarbeit", war seine Ansage. Er war durchaus bereit für diesen Entwicklungsprozess Zeit zu investieren, suchte aber wegen der Dringlichkeit und der hohen Auslastung eine ressourcenschonende Vorgangsweise. Im Wesentlichen bestand der Prozess aus zwei Workshops mit folgenden Elementen:

An den geplanten Workshops nahmen alle Abteilungsleiter, alle Projektleiter und die Geschäftsleitung bestehend aus dem Geschäftsführer und einem fachlich zuständigen Prokuristen teil. Nach einer intensiven Einstiegsrunde konnte jeder anhand eines Arbeitsblattes seine subjektive Einschätzung der aktuellen Kultur erstellen. Auf Skalen von 1 bis 10 haben sie auf einem

Arbeitsblatt (s. Anhang A 3) eingetragen, wie sie die Beziehungskultur zu ihrem Vorgesetzten zwischen Kontrastkultur und Zielkultur tatsächlich erlebten. So wurde auf den Skalen der Spannungsbogen abgebildet zwischen

- der Kultur der Angst und Verunsicherung und der Kultur der Transparenz und Orientierung
- der Kultur der Beziehungslosigkeit und des Formalismus und der Kultur des Interesses füreinander
- der Kultur der Abwertung und Ignoranz und der Kultur der Beachtung und Wertschätzung
- der Kultur des Arbeitens nach Vorschrift und der Kultur des eigenverantwortlichen Engagements.

In einem zweiten Durchgang sollte jede und jeder auf diesen vier Skalen seines Arbeitsblattes mit einem anderen Zeichen die Vermutung einzeichnen, wie die ihm zugeordneten Mitarbeitenden die erlebte Unternehmenskultur einschätzen würden. Dieses Arbeitsblatt „Zur Einschätzung unserer Kultur“ ist im Anhang A 3 zu finden.

Die nächsten Schritte folgten nach klassischer Moderationsmethode: Jede Skala war auf einer Pinnwand abgebildet. Die Teilnehmenden haben ihre subjektiven Einschätzungen in diese Pinnwand-Skalen übertragen, ebenso die vermuteten Einschätzungen ihrer Mitarbeitenden in einer anderen Farbe. Das sichtbare Gesamtergebnis wurde gemeinsam interpretiert. Dabei wurden Themen mit hohem Handlungsbedarf identifiziert und festgehalten. Diese Themen wurden je nach Dringlichkeit und Wichtigkeit bewertet und zugeordnet, in welchem Rahmen sie konkret aufgearbeitet werden sollen. Ein weiterer Workshop wurde für das Aufarbeiten der Themen geplant.

Nach dieser Diagnose folgte für das Unternehmen etwas kulturell Neues: Es wurde ein vorbereitetes und begleitetes Feedback und Rollen-Verhandeln (wie bereits oben unter 5.1.4 beschrieben) der Anwesenden an den Geschäftsführer und den Prokuristen durchgeführt. Diese Feedbacks und Wünsche an das Verhalten der Vorgesetzten („… damit ich meinen Job noch besser erfüllen kann“) wurden offen in dem Kreis der ca. 20 anwesenden Personen ausgesprochen. Ebenso wurden Zusagen, Klarstellungen und Vereinbarungen öffentlich in dieser Runde getroffen. Dass dieses Verhandeln sachlich verlief und in konkret vereinbarte Veränderungen mündete, hatte eine vertrauensbildende Wirkung. In dem Folgeworkshop wurde die Umsetzung der Vereinbarungen reflektiert. Durch die Ankündigung dieser Evaluierung bekamen die Vereinbarungen bereits eine hohe Verbindlichkeit, weil sie ja auch öffentlich getroffen wurden. Ebenso hat die Geschäftsleitung ihre Erwartungen an das Verhalten der Projektleiter und Abteilungsleiter konkretisiert. Die dabei ausverhandelten Veränderungen wurden ebenfalls im Folgeworkshop evaluiert. Damit haben alle Teilnehmenden in relativ kurzer Zeit eine Verbesserung der Zusammenarbeit und die Sinnhaftigkeit des offenen Ansprechens von Wünschen an das Verhalten der Vorgesetzten konkret erfahren. Auf Basis dieser positiven Erfahrung fanden im Folgeworkshop auch kollegiale Feedbackgespräche mit konkreten Vereinbarungen statt.

Nach der Aufarbeitung der wichtigsten Themen aus dem Diagnoseprozess war auch der Kulturentwicklungsprozess für mich abgeschlossen. Ausgangspunkt war eine Diagnose anhand der vier Aspekte einer Führungskultur. In relativ kurzer Zeit konnten die Reibungsverluste zwischen den Akteuren in Projekten reduziert und die Freude an der Arbeit gesteigert werden.

5.3.2 Umgang mit Widerstand

Viele Unternehmen sind im Umbruch und in Veränderungsprozessen. Weil das Umfeld sich verändert, werden bewusst gesteuerte Organisationsentwicklungsprozesse initiiert. Dabei gilt der Grundsatz: Wenn jemand in wesentlichen Bereichen von Organisationen Veränderungen vornimmt, sind Widerstände die klare Folge. „Für einen konstruktiven Umgang mit Widerständen in OE-Projekten ist es wesentlich, diese als verschlüsselte Botschaften mit Verweischarakter auf existenziell relevante Themen zu verstehen. Die Grundmotivationen geben dabei wesentliche Hinweise auf die Verortung der Widerstandsphänomene. Je mehr Grundmotivationen betroffen sind, desto größer, umfassender und vielfältiger können die damit verbundenen Widerstände sein und umso wichtiger sind gezielte Interventionen auf allen grundmotivationalen Ebenen."[35] Alexander Milz begleitet Wirtschaftsunternehmen in Veränderungsprozessen und betont aus seiner Erfahrung, dass Widerstand Ausdruck für einen konkreten Mangel von existenziellen Grundbedingungen ist.[36]

Dazu ein Beispiel aus der Praxis: Die Pflegedirektorin eines Krankenhauses sieht in der Begleitung der Pflegeführungskräfte ein wichtiges Aufgabenfeld ihrer Arbeit. Dabei kommt es immer wieder vor, dass in den Gesprächen mit ihren Führungskräften Probleme mit Mitarbeitenden besprochen werden. Sie erzählt, dass sie sehr oft die „Landkarte einer Führungskultur der Eigenverantwortlichkeit" (s. Anhang A 4) zur Hand nimmt, um gemeinsam zu reflektieren, an welcher Kulturschraube ihre Führungskraft drehen kann. Markant war für sie die Erfahrung, als eine Bereichsleiterin fast resignierend

35 Kinast/Milz 2013, S. 34.
36 Vgl. „Widerstandsphänomene in der OE", in: Kinast/Milz 2013, S. 33–36.

darüber klagte, dass ein Mitarbeiter am Wochenende, wenn sie nicht im Dienst ist, subversiv Stimmung gegen sie erzeugt, indem er die Kolleginnen und Kollegen auffordert, sich doch nicht so übermäßig zu engagieren. In dem Gespräch mit der Pflegedirektorin wurde der Bereichsleiterin an Hand dieser Landkarte bewusst, dass die Reflexionsgespräche mit den Einzelnen ihres Teams wieder verstärkt Raum und Zeit bekommen sollten. Auch wenn sie eigentlich dafür keine Zeit hatte, bekamen diese Gespräche erste Priorität. Damit ist es der Bereichsleiterin gelungen, eine gute Basis zu ihrem Team auszubauen und den „De-Motivierer“ in Schach zu halten. „Diese Landkarte hat mir selbst schon oft geholfen, wenn ich scheinbar an Grenzen gestoßen bin. Deshalb verwende ich sie immer wieder in Gesprächen mit meinen Leitungen“, schließt die Pflegedirektorin ihre Erzählung.

Zum theoretischen Verständnis: Alexander Milz hat einen tabellarischen Überblick geschaffen, wie der Mangel in den existenziellen Grundmotivationen auf das subjektive Erleben der Mitarbeitenden wirkt, welche aktiven und passiven Widerstandsphänomene dieses Erleben bei den Mitarbeitenden auslösen kann und wie diesem Widerstand begegnet werden kann. Milz nennt diese Tabelle „existenzanalytischen Passepartout“. Passepartouts helfen in Bilderrahmen, dass zwischen dem Bild und dem Glas genug Distanz entsteht, sodass das Bild sich nicht an das Glas klebt. Durch das einrahmende Passepartout kommt das Bild selbst – das Wesentliche – auch besser zur Geltung. So hilft die Tabelle von Milz, rasch das Wesentliche der Hintergründe von Widerstand zu erkennen, das Verhalten im Widerstand zu verstehen und Ansätze zu finden. Grundsätzlich ist davon auszugehen, dass die Mitarbeitenden mit ihrem Widerstand einen guten Grund haben und deshalb mit ihrem Verhalten eine für sie sinnvolle Botschaft vermitteln wollen. Die folgende Tabelle ist eine Zusammenführung von zwei unterschiedlichen Darstellungen von verschiedenen Artikeln.

Grundbedingung Grundmotivation	Veränderungsfelder in der Organisation	Rückwirkung des Mangels im Erleben	Passiver und aktiver Widerstand als Ausdruck	Geschützt wird	Intervention durch die Führungskraft
Orientierung u. Transparenz **Halt und Sicherheit**	Veränderungen der Ordnung: Strukturen, Prozesse, Abläufe	Verunsicherung, Ängste, Orientierungslosigkeit	• Sich zurückhalten • Abwarten • Misstrauen • Vermeiden von Gefahren • Kämpfen um Bedingungen	Sicherheit und haltgebende Gewohnheiten	• Informieren • Orientierung geben • Realität aufzeigen • Aufgaben definieren • Verlässliches vereinbaren
Beziehung und Nähe **Lebenswertes erleben**	Veränderungen im Beziehungs- und Wertegefüge: Team, Kollegen, Kunden	Verlust von Vertrautem und Belebendem, Trauer, Abschied ins Ungewisse, Eindruck des Müssens statt Wollens	• steril Aufträge abwickeln • formalistisch handeln • sich zurückziehen • alte Zeiten glorifizieren	Wertvolles an Beziehungen zu Menschen und Inhalten	• Mit Empathie Gespräche führen • Aktiv zuhören • Verstehen • Erklären • Wertvolles heben • Klare Standpunkte vertreten
Beachtung und Wertschätzung **Mit Selbstwert leben**	Veränderungen in Position und Status: Einfluss, Macht, Autorität	Gefühl der Entwertung, Verletzungen, Missachtung und des Übergangenwerdens	• (zynisch) entwerten • Verbündete suchen • Polarisieren und spalten • angreifen • beschuldigen	Ansehen, erarbeiteten Einfluss- und Machtbereich, Wirkung der persönlichen Kompetenz	• wertschätzen • Gestaltungsmöglichkeiten aufzeigen • Mitwirkung einfordern • In Entscheidungen einbeziehen
Sinn und Perspektiven **Den Fragen Sinn geben**	Veränderungen in Mission, Strategie, im Auftrag: Neuausrichtung, neues Selbstverständnis	Aussichts- und Perspektivenlosigkeit, Erfahrung von Sinnleere	• Resignieren • sich raushalten • genervt abwinken • sich auf Vorschriften reduzieren • blockieren	Sinnvolles Handeln und attraktive Perspektiven	• Perspektiven eröffnen • Ermutigen

Tabelle 2: Alexander Milz, Existenzanalytisches Passepartout[37]

37 Vgl. „Tab. 2 existenzanalytisches Passepartout", in: Kinast/Milz 2013, S. 34 und „Tabelle 2 Rückwirkungen von organisatorischen Veränderungen mit personal-existenziellem Thema im Rahmen der Grundmotivationen", in: Milz 2016, S. 33.

5.3.4 Begleitung neuer Führungskräfte

Von diesem Projekt habe ich bereits in Kapitel 2, „Das Wozu von Werteprojekten gemeinsam sichten" (S. 33) erzählt. Ausgangspunkt war, dass neue Führungskräfte zu Beginn alle Hände voll zu tun haben, um organisatorisch und fachlich in einem komplexen System Fuß zu fassen und sich als Führungskraft zu positionieren. Das Arbeiten an der intendierten Führungskultur kam oft zu kurz. Deswegen hat in der Vinzenz Gruppe die Stabsstelle Personalentwicklung gemeinsam mit den Geschäftsführenden und mit den Verantwortlichen der Wertearbeit ein Handbuch zur Begleitung neuer Führungskräfte entwickelt. Dabei wurden die Zuständigkeiten zwischen dem Vorgesetzten der neuen Führungskraft, dem Personalmanagement, einem hausinternen Mentor, der die neue Führungskraft begleitet, und bei Bedarf einem Coach geklärt.

Es gab einen längeren Diskussionsprozess, bis das Handbuch und das damit verbundene Konzept von allen Geschäftsführenden die Zustimmung erhielt. Eines wurde aber dabei deutlich: Die Begleitung im Hineinwachsen in das Wertemanagement der Vinzenz Gruppe und in die Führungskultur muss Chefsache und damit in der Verantwortung der Vorgesetzten bleiben und kann nicht an eine andere Stelle delegiert werden. So wird der erste Arbeitstag auch als Willkommenstag rechtzeitig geplant, an dem auch die bzw. der Vorgesetzte ein ausführliches Gespräch mit der neuen Führungskraft führt. Es ist Aufgabe der Vorgesetzten, dass sie die Kennenlerngespräche mit den wichtigen Personen der Wertearbeit (Wertevorstand, Vorsitzende des Ethischen Komitees, Leitung Krankenhaus-Seelsorge, Mitarbeiter-Seelsorge) im Nachhinein mit der neuen Führungskraft reflektieren. Die Vorgesetzten stellen den neuen Führungskräften anhand der „Landkarte der Führungskultur der Eigenverantwortlichkeit" die internen Führungsgrundsätze vor und kommunizieren damit auch, welches Führungsverhalten erwartet wird. Diese Landkarte ist in weiteren Gesprächen Basis für Reflexionen (Woran erkennt die neue Führungskraft, dass ein Aspekt der Führungskultur zu leben beginnt? Wo sieht sie ihre eigenen Lern- und Entwicklungsfelder?) und für Zielvereinbarungen, die das Arbeiten an der Führungskultur bedeuten. Eine Evaluierung nach ca. einem halben Jahr sollte das selbstkritische Potenzial der neuen Führungskraft einerseits stärken und die Wichtigkeit, an dieser intendierten Führungskultur laufend zu arbeiten, unterstreichen.

Wie schon oben erwähnt: Dieser Entwicklungsprozess war zum Teil zäh, weil die Geschäftsführenden um eine realistisch umsetzbare Vorgangsweise gerungen haben. Viele weitere Ideen, wie sie neue Führungskräfte in ihrem werteorientierten Verhalten begleiten könnten, wurden fallengelassen. Das war der Preis dafür, dass der Fokus der Begleitung „nur", aber dafür entschlossen auf das laufende Reflektieren des Führungsverhaltens anhand dieser Landkarte gelegt wurde. Nach einem Jahr war ich über die mehrheitlich konsequente Umsetzung dieses Konzeptes erstaunt. Den Verantwortlichen dürfte sehr bewusst gewesen sein, was der Gewinn einer konsequenten Begleitung des Führungsverhaltens für sie sein könnte. Diese Sinnhaftigkeit (das „leuchtende Wozu") dürfte für sie kräftig genug „geleuchtet" haben. Vermutlich hatte dieses Handbuch einen weiteren Effekt: Wenn die Vorgesetzten – und das waren in den meisten Fällen die Geschäftsführer, die ärztlichen Direktoren und Pflegedirektorinnen – die vier Aspekte der Führungskultur vermitteln mussten, war dies gleichzeitig selbst eine gute Reflexion ihres eigenen Führungsverhaltens und eine Auffrischung, über die aktuelle Kultur nachzudenken.

5.4 Mit kontinuierlichen Reflexionen eine gute Kultur-Spur finden

Es muss nicht immer die „Landkarte einer Führungskultur" sein, mit der man eine verantwortungsstärkende Führungskultur entwickelt. Eine schrittweise Entwicklung kann auch durch eine differenzierte Reflexionskultur im Leitungsteam vorangetrieben werden, um so jene kulturelle Spur zu finden, die für die konkrete Situation die bestmögliche ist. Dieser Weg eignet sich vor allem auch für kleinere oder mittelgroße Unternehmen, bei denen die Ressourcen knapp sind und die Anzahl der Führungskräfte überschaubar ist. Um thematische Einseitigkeiten zu vermeiden (s. auch Abb. 3 „Das 4-Faktoren-Modell nach Ruth Cohn" im Kap. 2), sollten die Reflexionen inhaltlich mehrere Themenfelder abdecken:

- Ein Ringen um ein annähernd gemeinsames Menschenbild und Überlegungen, wie dieses auf die aktuellen Situationen zu präzisieren ist
- Ein Diskurs zu einem gemeinsamen Führungsverständnis und ein Nachdenken, wie dieses Verständnis auf aktuelle Führungssituationen anzuwenden oder zu modifizieren ist
- Austausch über das persönliche Erleben des Führungsalltags und über faszinierende Perspektiven für die Zukunft (Wertedialog)
- Verbesserungen der Zusammenarbeit durch laufende Feedbacks und fallweises Rollenverhandeln (s. unter „5.1.4 Veränderungen auf Grund von Feedbacks vereinbaren")
- Offener Austausch über Grenzerfahrungen, persönliche Schwierigkeiten oder gar „persönliche Mangelerlebnisse" (s. Tabelle „Existenzanalytisches Passepartout")

Zu diesen abstrakt klingenden Ansätzen eine konkrete Erfahrung aus einem mittelgroßen Betrieb, bei dem ich ca. 15 Jahre die Letztverantwortung, davon 13 Jahre als Geschäftsführer innehatte.

5.4.1 Der konkrete Hintergrund der Erfahrung

Das Pflegehaus Mater Salvatoris[38] betreut 129 Bewohnerinnen und Bewohner mit 120 Mitarbeitenden (Vollzeitäquivalent 98 Mitarbeitende) und gehört zu 100 % einem Orden, den Salvatorianerinnen. Ein zentraler Satz aus der Regel der Salvatorianerinnen wurde als Leitsatz für den Betrieb übernommen: „Unsere Sorge gilt stets dem Heil des ganzen Menschen." Damit ist bereits einiges über das Menschenbild ausgedrückt. Dieser Leitsatz ist auch als Auftrag an die Führungskräfte für ihren Umgang mit Menschen und somit mit Mitarbeitenden zu verstehen.

Die Finanzsituation dieser Pflegeorganisation ist angespannt, ebenso der Personalmarkt. Deshalb hat eine gute Führungskultur, die sowohl Mitarbeitende bindet als auch gute Mitarbeitende anzieht, einen hohen strategischen Wert. Das Haus wird von sieben Bereichsleitungen (vier Wohnbereiche, Küche, Technik, Reinigung) getragen. Das Leitungsteam des Hauses besteht aus dem Pflegedienstleiter, dem Hausleiter und der Geschäftsführung, die aus zwei Personen in Teilzeitbeschäftigung besteht. Die Geschäftsführerin hat ihr Büro im Haus, lebt einen eher engmaschigen Kontakt zu Pflegedienstleiter und Hausleiter und bekommt dadurch vieles hautnah vom Alltagsbetrieb mit. Ich als zweiter Geschäftsführer bin nur ein bis zwei Tage im Monat vor Ort und bringe damit eher die Außenperspektive ein – ergänzend zu der Innensicht der Kollegin.

Anlässlich der Arbeit an diesem Buch führten wir als Leitungsteam eine Kultur-Klausur durch. Auf die Frage „Welche Werte leben wir bzw. unsere Führungskräfte in unserem Führungsalltag tatsächlich und woran machen wir diese Aussagen fest?" sammelten wir Auszeichnungsmerkmale unserer realen Führungskultur auf Moderationskärtchen. Diese konnten wir den vier Kulturaspekten überraschend eindeutig zuordnen, obwohl ich dieses Modell bisher in meiner Geschäftsführung nie präsentiert oder systematisch eingefordert habe. Bei der Klausur wurden natürlich auch einige selbstkritische Fragezeichen aufgezeigt und besprochen. In dieser Selbsteinschätzung erzählten wir einander viele konkrete Geschichten, die belegen, wie sehr die kulturellen Aspekte tatsächlich gelebt wurden

---

38 www.mater-salvatoris.at (1.9.2020).

Eine Woche später wurden die Ergebnisse einer Mitarbeitenden-Befragung[39] uns, dem Leitungsteam, präsentiert. Diese von einem externen Institut ausgewertete Befragung zielt darauf ab, den Arbeitsbewältigungsindex zu errechnen. Hintergrund ist die Annahme, dass es für eine gute Arbeitsbewältigung im Wesentlichen vier Voraussetzungen braucht: körperliche und psychische Gesundheit, Qualifikation und Wissen, motivierende Wertehaltungen in der Arbeit und eine Führung, die gute Arbeitsverhältnisse schafft. Diese vier Felder wurden bereits zum dritten Mal abgefragt. So konnten wir eine positive Entwicklung anhand der Ergebnisse ablesen. Von den externen Beraterinnen, die das Ergebnis der Befragung präsentiert haben, bekamen wir die Rückmeldung, dass die Ergebnisse vor allem im Bereich Führung im branchenübergreifenden Vergleich sensationell gut sind. So haben wir – neben einigen kritischen Rückmeldungen – durch die Fremdeinschätzung der Mitarbeitenden eine Bestätigung für unsere Bilder, wie wir als Leitungsteam die Führungskultur auf der Kultur-Klausur eingeschätzt hatten.

Auf der Kultur-Klausur setzten wir uns mit einer weiteren Frage auseinander: „Was haben wir konkret dafür getan, dass wir eine solche gute Führungskultur aufgebaut haben?“ Neben Antworten wie „Gutes Hinschauen bei der Auswahl von Führungskräften“ und „Vorbildwirkung des Leitungsteams“ konnten die meisten genannten Antworten mit der Überschrift „differenzierte Reflexionen“ subsummiert werden. Gutes Vorbild zu sein ist wichtig, aber sicherlich nicht alles. Es braucht auch hier eine klare Orientierung durch Anforderung und eine begleitende Hinführung zu eigenverantwortlichen Entscheidungen. Dazu waren nun – rückblickend betrachtet – einige Formate von Reflexionen hilfreich.

5.4.2 Beispiele für Reflexionsräume

Jour fixe mit der Geschäftsführung: Mindestens einmal im Monat gab es ein Jour fixe von uns beiden der Geschäftsführung vor Ort. Je nach Thema, Anliegen und aktuellen Situationen führten wir dieses Gespräch gemeinsam mit dem Hausleiter, mit dem Pflegedienstleiter, mit beiden oder sonst mit einer Bereichsleitung. Manche Fragestellungen wurden gründlich durchdiskutiert. Die persönlichen Eindrücke und Handlungsimpulse hatten in den gemeinsamen Suchprozessen meist genau so viel Platz wie das Suchen nach dem situativen Wertvollen und Zukunftsperspektiven.

---

39 Die Befragung „Arbeitsbewältigungsindex plus“ wurde u.a. von Irene Kloimüller entwickelt und von fit2work Betriebsberatung durchgeführt, die im Auftrag des österreichischen Ministeriums für Soziales und Gesundheit tätig sind. Wegen einer relativ hohen Verbreitung dieses Instrumentes in verschiedensten Branchen sind die Vergleichswerte interessant. Näheres s. unter www.wertarbeit.at, z. B. „Unterlagen zur 4. Wirtschaftskonferenz des Generationen-Managements“ unter www.wertarbeit/donwloads (1.9.2020).

Auszeit zu viert: Etwa einmal im Quartal leisteten wir uns den Luxus, uns als Leitungsteam außerhalb des Hauses für strategische Themen bzw. zum Austausch zu dem, was uns aktuell durch Kopf und Herz geht, einen halben Tag Zeit zu nehmen. Manchmal war es ein Spaziergang, ein andermal die Bäckerei im Ort oder ein gemieteter Raum im Nachbarhaus.

Wertetage mit allen Führungskräften: Diese Workshops haben mindestens einmal im Jahr bzw. aus aktuellem Anlass stattgefunden und hatten zum Ziel, dass wir Führungskräfte uns selbst etwas Gutes tun. Inhaltlich haben wir uns aktuelle Themen vorgenommen, die für unsere Führungsaufgabe hilfreich waren. Manchmal haben wir unter externer Begleitung unsere Kompetenz erweitert, manchmal aktuelle Herausforderungen aufgearbeitet. Themen waren z. B. „Bereichsübergreifende Zusammenarbeit", „Gewaltfreie Kommunikation", „Mit außergewöhnlichen Belastungen umgehen" oder „Gesund führen". Besonders geschätzt wurden die flexiblen Abläufe des Tages, die sich an die aktuellen Anliegen anpassten, und das gemeinsame, hierarchieübergreifende Lernen und Suchen.

Kontinuierliche Qualitätsprozesse: Im Rahmen des E-Qualin Qualitätsmanagements[40] wurden in einigen Qualitätszirkeln die aktuellen Strukturen und Prozesse reflektiert und realistische Verbesserungsvorschläge erarbeitet. In weiteren Prozessen, die auf die psychische und körperliche Gesundheit der Mitarbeitenden abzielten, wurden die belastenden Rahmenbedingungen erhoben und ebenso in Arbeitskreisen Veränderungs- und Unterstützungsvorschläge entwickelt. Sowohl im „Tut gut"-Projekt[41] als auch im „fit2work"-Prozess[42] wurden in extern moderierten Arbeitskreisen von den Mitarbeitenden Weiterentwicklungen vorgeschlagen, um deren zeitnahe Umsetzung sich das Leitungsteam bemühte. Befragungen der Mitarbeitenden zu Beginn und am Ende der Projekte erhoben die reale Wirksamkeit.

5.4.3 Entscheidende Faktoren und eine These

Die Entwicklung einer Führungskultur durch laufende Reflexionen ist im Prinzip Teil eines kontinuierlichen Verbesserungsprozesses. Entscheidend für das Gelingen waren aber – im Nachhinein betrachtet – folgende Faktoren:

---

40 E-Qualin ist ein eigens für die Sozialarbeit entwickeltes Qualitätsmanagementsystem, das unter aktiver Beteiligung der Mitarbeitenden gut funktionierende Strukturen und Prozesse bewusstmacht und konkrete Verbesserungsvorschläge entwickelt, https://www.e-qalin.net/e-qalin-altenarbeit/ (1.9.2020).

41 „Tut gut" ist ein Gesundheitsförderprogramm des Landes Niederösterreich, das mit einer Zertifizierung „Gesunder Betrieb" abschließt, https://www.noetutgut.at/arbeitswelt/gesunder-betrieb/ (1.9.2020).

42 Das „Fit2work" zielt auf die Verbesserung der Arbeitsfähigkeit ab und bietet sowohl Betrieben als auch Einzelpersonen kostenlose Förderprogramme an. Gezielte Befragungen der Mitarbeitenden zu Beginn und am Ende von Prozessen erheben den aktuellen Stand der Arbeitsfähigkeit, https://fit2work.at/artikel/fit2work-fuer-betriebe (1.9.2020).

Diese Reflexionen begannen im Geschäftsführerduo und im Leitungsteam. Damit war es auch hier ein Top-down-Prozess. Die gelebte Reflexionskultur hatte Auswirkungen auf die weiteren Führungsebenen.

Gemeinsame Reflexionen von zumindest zwei Hierarchieebenen haben das Vertrauen und die Offenheit gestärkt, nicht zuletzt auch wegen der relativ raschen Umsetzungen von gemeinsamen Erkenntnissen. Die erlebte Wirksamkeit der Reflexionen verstärkte die Bereitschaft, sich auch in Zukunft einzubringen.

Diese Reflexionen waren letztlich auch ein Einüben, die innere Wahrheitsstimme als Kompass für Entscheidungen kennenzulernen, ihr zu vertrauen und mit ihr zu arbeiten. Es wurde stets darauf geachtet, welche Qualität die innere Zustimmung hatte bzw. ob eine Entscheidung für alle Entscheidenden tatsächlich auch stimmig war. Damit waren die Reflexionen sehr oft ein gemeinsames Suchen nach der Spur des Guten bzw. nach dem bestmöglichen Weg.

Die einzelnen Schritte einer Stellungnahme (s. Abb. 5 „Vereinfachte Darstellung der Stellungnahme nach Alfried Längle“ in Kap. 3) bekamen in den Diskussionen meist Raum – auch die unreflektierten Emotionen und Handlungsimpulse hatten Platz. Auffallend sind der Humor und die Selbstironie, die den Führungskräften selbst in stressigen Zeiten helfen, aus guter Selbstdistanz zu den eigenen Primäreindrücken Entscheidungen zu treffen.

Spirituelle Grundhaltungen, wie sie im Kapitel 6 unter „6.1.2 Ausgewählte Eckpunkte eines christlichen Welt- und Menschenbildes“ beschrieben sind, fördern eine konstruktive Reflexionskultur und erleichtern es, in herausfordernden Situationen gestalterisch zu wirken.

Das gemeinsame Zukunftsbild, dass eigenverantwortliches Handeln aus Ressourcengründen bei den Mitarbeitenden zu fördern und von ihnen einzufordern ist, sowie das Wissen um die Chance, dass eigenverantwortliches Handeln die Motivation und die Identifikation mit dem Haus stärkt, boten uns stets eine motivierende Zielrichtung.

So wage ich nach diesen Erfahrungen der Kulturentwicklung im Pflegeheim Mater Salvatoris die These aufzustellen:
Durch eine konstruktive Reflexionskultur entwickeln sich die vier Aspekte einer verantwortungsstärkenden Führungskultur wie von selbst, vorausgesetzt, dass das Leitungsteam ein gutes inneres Gespür hat (Kontakt zur inneren Wahrheitsstimme und diese wach hält) und Räume für

hierarchieübergreifende Reflexionen und Dialoge auf Augenhöhe schafft. Es braucht dabei nicht unbedingt eine „Landkarte einer Führungskultur", wenn diese auch für die Einzelnen eine gute Orientierung bietet.

6 Christliche Spiritualität und Führungskultur

6.1 Was ist „christliche Spiritualität"?

Das Anliegen in diesem Kapitel ist es, einen Zugang zu einer persönlichen Spiritualität nachvollziehbar zu beschreiben bzw. diesen zu eröffnen. Dazu empfehle ich den Leserinnen und Lesern, die folgenden Aussagen auf die eigenen Erfahrungen hin zu überprüfen und sich sogar auf die eine oder neue Erfahrung einzulassen. Entscheidend ist aber das, was jemand aufgrund der folgenden Anregungen erlebt und wie sich das Leben im Führungsalltag zeigt. Diese spirituellen Erfahrungen in das persönliche Weltbild einzuordnen überlasse ich den Leserinnen und Lesern. Es besteht eine Bandbreite von Deutungsmöglichkeiten von „Das Leben funktioniert eben so!" bis hin zu einer Deutung aus dem Glauben an einen persönlichen Gott, der sich selbst für das Gute im Leben einsetzt. Da es mir nicht immer gelingen wird, mich aus der Deutung gänzlich herauszuhalten, bitte ich um Verständnis, dass ich fallweise meine persönliche Deutung ohne jeglichen Anspruch der absoluten Wahrheit dazustellen werde.

Da die Literatur unzählige unterschiedliche Definitionen von Spiritualität aufweist, wird hier nur eine grobe Skizze zur Begriffsklärung geboten. Selbst die christliche Tradition hat in ihren zweitausend Jahren unterschiedliche Zugänge zum Glauben und ein unterschiedliches Verständnis von spirituellen Vorgängen hervorgebracht.

Als einfache Skizze stelle ich folgende Beschreibung von Spiritualität zur Verfügung:

- Spiritualität kann die Antwort durch die konkrete Lebensweise auf die Frage sein: Aus welchem Geist lebst und handelst du?
- Sie ist die Beschreibung der Art und Weise, wie sich eine Person bemüht, aus diesem geistlichen Grund zu schöpfen bzw. in Beziehung mit ihm zu stehen.
- Sie ist der „bewusste Ausdruck des Geistes im Denken, Fühlen und Handeln und damit ein bewusstes Entfalten dieses Geistes". (Jürgen A. Baumann[43])
- Sie ist auch Ausdruck dafür, dass für uns Menschen nicht alles machbar ist und dass wir mit positiven Kräften des Lebens rechnen können.

Der Theologe Erhard Weiher weist auf unterschiedliche Sichtweisen von Spiritualität hin: Er spricht von einem weltimmanenten und einem die Welt transzendierenden Spiritualitätsbegriff[44]; von einer Spiritualität, die keinen Gott jenseits der Welt als personales Du braucht, und einem gläubigen Staunen, das eine eigenständig wirkende Person jenseits alles Machbaren ahnen lässt. In diesem Kapitel wird das Spiritualitätsverständnis meist offen gelassen, ob die verfassten Zeilen eine einfache Beschreibung von dem sind, wie Leben sich uns einfach zeigt (weltimmanente Spiritualität), oder ob sie auf eine göttliche Kraft hinweisen (die Welt transzendierende Spiritualität). Nochmals: Entscheidend ist, die Phänomene (wie sich das Leben uns zeigt) wahrzunehmen und diesen entsprechend zu begegnen. Deswegen starte ich hier einen Versuch der Erläuterungen, der auch für nicht christlich sozialisierte Menschen nachvollziehbar sein soll. Aber behalten Sie den realistisch kritischen Blick.

Zuerst wird im Folgenden zum Verständnis „Spiritualität" aufgezeigt, was Spiritualität für eine Werte- und Kulturarbeit pragmatisch bedeutet. Da Werte sich vom jeweiligen Menschenbild ableiten, werden in einem weiteren Schritt einige Eckpfeiler des christlichen Menschen- und Weltbilds – ohne jegliche theologische Ableitung – skizziert. Hier können sich die Leserinnen und Leser fragen, inwieweit sie sich mit diesem Menschenbild identifizieren können. In einem weiteren Schritt wird versucht, das Lebensmodell von Jesus Christus ansatzweise zu malen. Dabei wird der Fokus auf jene Ansätze gelegt, die auch für eine Führungs- und Unternehmenskultur relevant sind. Diese durchaus ein wenig differenzierten Ausführungen bringen das genuin Christliche näher und sind gleichzeitig ein Beleg dafür, dass eine Führungskultur

---

43 Jürgen A. Baumann ist als Theologe und Existenzanalytiker als Organisationsberater und Organisationsentwickler tätig. Durch seine Mehrfachkompetenz verdanke ich ihm als Reflexionspartner zu dem Thema „Führen und Spiritualität" viele Impulse.

44 Weiher hat diese Begriffe „weltimmanente Spiritualität" und „die Welt transzendierende Spiritualität" für Seelsorgerinnen und Seelsorger näher entfaltet. Vgl. Weiher 2014, S. 112.

der existenziellen Voraussetzungen für ein eigenverantwortliches Verhalten (s. tabellarischen Überblick in Kap. 2) sehr dem christlichen Geist entspricht. Es folgen einige pragmatische Anregungen, wie eine Führungskraft (egal welcher Weltanschauung) Spiritualität im Alltag konkret leben und damit einen Mehrwert für die Führungs- und Unternehmenskultur bringen kann. Dieses Kapitel wird mit einer Zusammenfassung zum „Mehrwert einer christlichen Spiritualität“ abgerundet.

6.1.1 Spiritualität und Werte

Beobachten wir genau, was sich bei einer Person tut, die einen Wert – z. B. Wertschätzung – lebt. Da fällt auf, dass bei gelebten Werten mehrere Ebenen des Menschen beteiligt sind bzw. auf diesen Ebenen ihren Werteausdruck finden. Grundlage ist im Normalfall eine bestimmte *Haltung*. „Haltung“ beinhaltet alles, was die Person unter Leben oder Menschsein versteht sowie die konkreten Beweg- und Hintergründe, die mit diesem Wert verbunden sind. Zur Verdeutlichung ein konkretes Beispiel zum Wert „Wertschätzung“: Eine Oberärztin lebt mit der Haltung, dass jeder Mensch wertvoll ist. Gerade im Krankenhaus, wenn die Patientinnen und Patienten in einem Ausnahmezustand sind, möchte sie die Menschen spüren lassen, dass sie die Würde nicht verloren haben – auch wenn sie mit einem Einheitsnachthemd in einem Mehrbettzimmer und mit einer Ungewissheit über das Kommende liegen.

Die zweite Ebene, die sich aus dieser Haltung ergibt, ist das konkrete *Verhalten*, mit dem diese Haltung ihren Ausdruck erhält. Deswegen klopft die Oberärztin an, bevor sie ein Zimmer betritt, stellt eine ehrlich gemeinte Frage nach dem Befinden und setzt sich bei der Visite auf einen Sessel zum Bett, um auf gleicher Augenhöhe mit der Patientin zu sprechen.

Die dritte Ebene sind weitere sichtbare Rahmenbedingungen, Produkte oder Prozesse, die aus der Haltung und durch das konkrete Handeln einer Person resultieren. In unserem Beispiel ist der Oberärztin sehr wichtig, dass die Patientinnen und Patienten die Wertschätzung auf ihrer Station erleben. Das eigene Verhalten ist wichtig, aber es braucht noch mehr. Deshalb definiert sie bei dieser *Ebene des sonstigen Sichtbaren* gemeinsam mit den Pflegepersonen und den medizinischen Kolleginnen und Kollegen ihrer Station den Aufnahmeprozess neu, damit sich die Patientinnen und Patienten von Anfang an gut aufgehoben und ernst genommen fühlen. So erfahren sie z. B. zu Beginn, wer ihre Ansprechpartner*innen während ihres Aufenthalts sind. Die Anamnesebögen der unterschiedlichen Berufsgruppen wurden aufeinander ergänzend abgestimmt, sodass nicht dieselben Fragen mehrfach gestellt werden. Weiters bekommen alle Auszubildenden von ihr persönlich eine kurze Kommunikationsschulung für besonders heikle Situationen, wie

z. B. bei der Überbringung der Diagnose. Das sind sichtbare Standards bzw. von den betroffenen Personen erfahrbare Verhältnisse, mit denen der Wert „Wertschätzung" konkret wird.

Die vierte Ebene – die aber nicht alle werteorientierten Menschen im Blick haben – nenne ich *persönliche Werte-Quelle.* Woher nimmt ein Mensch seine Werteüberzeugungen? Woher bekommt er die Klarheit der Überzeugung, was wichtig ist? Wie gelingt es einem Menschen, dass er trotz Stress und Überforderungen sein Wertegespür nicht verliert? Was hilft ihm herauszufinden, was in konkreten Situationen gut ist, und dass er überhaupt auf der Spur des Guten bleiben kann? Die Bezeichnung „*Werte-Quelle*" drückt aus, dass eine Person daraus regelmäßig ihr Wertebewusstsein schöpft, wachhält, erneuert und präzisiert.

Unter „Werte-Quellen" ist eine Zeit zu verstehen, in der wir auf Distanz zum Alltag gehen, um zu reflektieren, welche konkreten Wertevorstellungen in diesem konkreten Alltag Vorrang bekommen sollten. In dieser Unterbrechung soll auch die Freude und die Kreativität Raum bekommen, nach unseren Überzeugungen und Wertehaltungen treu zu handeln. Diese Zeit kann auch dazu dienen, selbstkritisch zu durchschauen, wo wir faule Kompromisse eingehen. Grundsätzlich geht es bei der „Werte-Quelle" um einen Vorgang, der uns selbst guttut und uns hilft, uns auf Wesentliches und Lebens-Wertes zu besinnen. Das hat eine spirituelle Dimension, weil es um ein suchendes Bemühen geht, dem Geist des Guten zu folgen. Werte-Quellen halten die Haltungen lebendig und sorgen dafür, dass wir auch in den konkreten Situationen wertekonform agieren können.

Jede Person hat einen persönlichen Zugang zu ihrer „Werte-Quelle". In unterschiedlichen Lebensphasen oder verschiedenen Situationen werden neue Möglichkeiten gefunden, die der eigenen Wertehaltung Nahrung geben. In Werteprozessen in der Vinzenz Gruppe und in anderen Unternehmen hat dieses bewusste Einplanen von persönlichen Oasen einen wichtigen Stellenwert bekommen. So kann ich aus diesen Erfahrungen Beispiele bringen, was für Menschen eine Werte-Quelle sein kann:

- Sportliche Betätigung (joggen, radfahren, bergsteigen, klettern …)
- Langsames Spaziergehen, um bei sich zu sein, Stimmungen wahrzunehmen und Gedanken nachzugehen
- Regelmäßige Gespräche mit einem inspirierenden Freund
- Ein inspirierendes Buch lesen
- In der Natur sein

- Professionelle Begleitung mit einer externen Person wie Supervision, Coaching, geistliche Begleitung
- Treffen mit Querdenkenden
- Regelmäßig (was immer das heißt) in der Bibel lesen, um sich mit den Haltungen von Jesus und anderen Persönlichkeiten auseinanderzusetzen
- Gottesdienste
- In der Stille einer Kirche sitzen
- Künstlerische Betätigungen, Musik hören oder selbst musizieren
- Ein soziales Engagement, für das ich mir regelmäßig Zeit nehme
- Haushaltstätigkeiten als Zeiten zum Nachdenken: Gartenarbeit, Kochen, Bügeln, Putzen

Ideal wäre, wenn Führungskräfte zwei unterschiedliche Formen von Werte-Quellen pflegen:

- Unterbrechungen, um wieder Kontakt zu sich selbst und der eigenen „inneren Wahrheitsstimme" (s. Kap. 3) zu bekommen. In diesem stillen Bei-sich-Sein kann die Person aus guter Selbstdistanz wahrnehmen, was sich in ihr abspielt und was sie bewegt. Oft braucht es Zeit, um die eigene Spur zum Leben und zu den persönlichen Werten wiederzufinden.
- Inspirierende Gespräche, die einen neuen Wind oder neue Sichtweisen in mir eröffnen, in denen jemand seine Wertevorstellungen hinterfragen lässt („Rüttelstrecke") und Wertevorstellungen anderer verstehen lernt (Perspektivenwechsel)

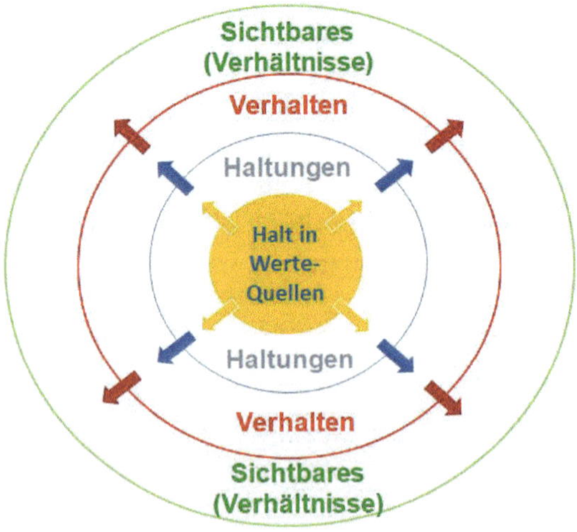

Abbildung 7: Die vier Ebenen von gelebten Werten

„Christliche Spiritualität" hat natürlich etwas mit Jesus Christus zu tun. So können für Christen – neben all den bereits genannten Beispielen – ein zusätzlicher Nährboden für ihre Wertehaltungen die regelmäßige Auseinandersetzung mit den Botschaften und dem Leben von Jesus Christus sein. Auf die Frage „Was ist gut?" orientieren sich Christen eben am eigenen Gewissen (innere Wahrheitsstimme) und am Leben von Jesus Christus. Für gläubige Christen könnte man in der Graphik noch einen weiteren inneren Kreis mit der Bezeichnung „Beziehungen zu Gott", „Beziehung zu Jesus Christus" oder „Beziehung zum christlichen Geist" einzeichnen.

Der Mehrwert einer Spiritualität besteht darin, dass Wertehaltungen, Verhalten und das Herstellen von sichtbaren Verhältnissen in Werte-Quellen gut verankert sind. Diese Quellen sind der Nährboden gelebter Werte.

6.1.2 Ausgewählte Eckpunkte eines christlichen Welt- und Menschenbildes

Werte werden u.a. vom Menschen- und Weltbild, das jemand oder eine Gruppe hat, abgeleitet. „Auf der Suche nach Orientierung findet sich kein Wissen, das allgemeine Gewissheit beanspruchen könnte."[45] So entstehen in uns neben dem Wissen durch existenzielle Erfahrungen und das alltägliche Hinhorchen, wie Leben und Menschensein geschehen, konkrete Vorstellungen von Welt und Menschensein, die uns letztlich Orientierung geben. Um sich den christlichen Wertvorstellungen behutsam zu nähern, werden im Folgenden einige Eckpunkte des christlichen Welt- und Menschenbildes, die auch für den Führungsalltag relevant sind, herausgegriffen. Sie werden hier „weltimmanent" dargestellt, also ohne religiösen oder theologischen Hintergrund. Vermutlich können sich humanistisch denkende Menschen ebenso mit manchen dieser Sichtweisen identifizieren:

Das Leben spielt uns immer wieder Gutes zu.

Wir Menschen haben nicht alles im Griff. Aber wir können damit rechnen, dass das Leben uns immer wieder Hilfreiches und Gutes zuspielt. Das setzt Wachsamkeit voraus, um das nicht erwartete „Zufallende" wahrnehmen und nutzen zu können. Erfolge haben immer auch einen Anteil des Nicht-Machbaren. „Erfolg kann man nicht machen … Ich kann nur die Segel hissen und ein wenig steuern. Ich kann nur das mir Mögliche tun – dies aber ganz!"[46] Diese Annahme, dass auch ein guter Wind in meine Segel bläst und dass

---

45 Fischer 2015, S. 169. In einem philosophisch-theologischen Artikel beschreibt der Autor, wie durch Denken und Glauben Menschen Orientierung für ihr Leben erhalten. Wissen allein braucht als Ergänzung ein philosophisch, oft theologisches Suchen nach Verständnis von Welt.

46 Längle 2016b, S. 51 f.

im Leben mir immer wieder Gutes zugespielt wird, findet auch darin seinen Ausdruck, dass spirituelle Menschen selbst in unangenehmen Situationen und in ungewollten Veränderungen Ausschau nach Chancen halten.

Es gibt in der Welt eine Kraft des Guten.

Wenn jemand trotz nüchterner Betrachtung der vielen unheilen Kräfte dieser Welt rückblickend in sein Leben schaut, kann es sein, dass er über das zugefallene Gute und über die zugewachsenen eigenen Kräfte staunt. So kann er eine Ahnung davon bekommen, dass es eine Kraft des Guten im Leben gibt. Dieses Staunen, das durch eine Rückschau auf das bisher gelebte Leben entsteht, löst in einer Person eine leise Dankbarkeit aus und stärkt vorausblickend das Vertrauen in das zukünftige Leben. Wer mit einem so gewachsenen Vertrauen lebt, der rechnet selbst in schwierigen Problemlagen und scheinbar aussichtslosen Situationen mit nicht geplanten Zufällen des Guten. Diese Zuversicht erweitert die kreative Handlungsfähigkeit und erhöht das Durchhaltevermögen.

Die Kraft des Guten kann in jedem Menschen wirken.

Das Leben spielt manchmal sehr verrückt: Lösungen und Hilfestellungen kommen von Menschen, die gar nicht zuständig sind, von denen man es nicht erwartet hat oder in denen man vielleicht sogar Gegner sah. Diese Erfahrung verlangt aber eine ehrlich gemeinte Offenheit allen Menschen gegenüber. So steht auch in der Regel der Benediktinermönche: Der Abt eines Klosters soll bei wichtigen Entscheidungen alle Mitbrüder anhören, auch den einfachsten Bruder. Diese Offenheit fördert eine kooperative Haltung von Verantwortlichen und ein verantwortliches Mitdenken aller Beteiligten. Mit dieser Annahme verändert sich die Haltung, mit der Menschen einander begegnen.

Das Gute wird wirksam durch das In-sich-Hören und durch das Auf-den-anderen-Hören

Vermutlich braucht es im Normalfall ein wenig Übung, um die eigene innerste Zustimmung von anderen Regungen wie Trotz, Stolz oder Wut unterscheiden zu können. Wer dieses innerste Gespür wachhält, kann es auch gut nutzen. Darüber hinaus ist es sinnvoll, sich um gute Beziehungen, um einen ausgewogenen Dialog und ein gemeinsames Ringen zu bemühen, wenn die Kraft des Guten im Miteinander wirksam werden soll. Es braucht eben eine gute Balance von beidem.

Soweit einige Merkmale eines christlichen Menschen- und Weltbildes, die jeweils auf konkrete Erfahrungen verweisen. Wenn wir aber von „christlich“ sprechen, dann hat es natürlich etwas mit Jesus Christus zu tun. So bleibt die Frage noch unbeantwortet: Was haben diese Annahmen eines christlichen

Menschen- und Weltbildes und was haben alle vorigen Abhandlungen von Werten und Eigenverantwortlichkeit mit der Botschaft und dem Leben von Jesus Christus zu tun?

6.1.3 Orientierung am Lebensmodell von Jesus, dem Christus

Jesus von Nazareth erhielt im Nachhinein von seinen Gefolgsleuten den Beinamen „Christus“, was eine andere Bezeichnung für den „Gesalbten“ bzw. den lang ersehnten Messias ist. Er soll das geknechtete Volk erlösen und zu einem neuen Leben führen. Jesus war aber nicht der erwartete politische Befreier, sondern er hat den Menschen mit seinen Reden und durch sein Wirken aufgezeigt, wie Menschsein gelingen kann. Als „Kurzanleitung“ dafür und als pointierte Zusammenfassung seiner Botschaft kann das dreifache Liebesgebot (Mt 22,37 – 40) verstanden werden. In diesem hat er deutlich auf seinen Vater, auf Gott, verwiesen, von dem letztlich alle Kraft des Guten ausgeht. In einer vertrauten Beziehung zu ihm (Liebesgebot zu Gott) wächst die eigene Beziehungs- und Liebesfähigkeit zu den Mitmenschen (Nächstenliebe) und auch ein guter Umgang mit sich selbst (Selbstliebe).

Dieses dreifache Liebesgebot ist als ein einander bedingendes zu verstehen: Man kann nicht ein Liebesgebot herausschälen und die anderen missachten. Sich selbst annehmen – auch mit den eigenen Unzulänglichkeiten – ist eine Voraussetzung, um anderen Menschen in Liebe begegnen zu können. Ebenso braucht es das Wissen, selbst – so wie man ist – von Gott geliebt zu sein. Ebenso ermöglich der liebevolle Umgang der Menschen miteinander, dass man einen Zugang zu Gott findet und sich selbst annehmen kann.

Dieses dreifache und einander bedingende Liebesgebot ist einer der Kernbotschaften von Jesus. Sie ist wie eine Überschrift, mit der das Wesentliche gesagt sein will und alle seine Botschaften zu subsummieren sind. Allerdings ist es sehr grundsätzlich gefasst und für unterschiedlichste Interpretationen offen. Durch sein konkretes Leben und seine Reden hat Jesus differenziert deutlich gemacht, wie er dieses Liebesgebot ausdeutet. Wenn Christen auf der Suche sind, welche Wertehaltungen in deren konkreten Alltagssituation Relevanz haben, können sie sich am Lebensmodell von Jesus Christus orientieren. Sie setzen sich mit seinen Aussagen, seinen Reden und mit all seinen Taten und Handlungsweisen auseinander, die in den vier Evangelien der Bibel kompakt zusammengefasst sind.[47] Vermutlich werden wir nie dem Vorbild Jesu voll entsprechen. Die Latte liegt hier sehr hoch. Neben all den anderen Werte-Quellen, die uns helfen zum Alltag auf Distanz zu kommen

47 Vgl. Fischer 2012. In dem Unterkapitel „Die Leitfigur Jesu“ entfaltet Michael Fischer, wie sehr die persönliche christliche Spiritualität professionelles Handeln prägt. Vgl. Fischer 2012, S. 126–131.

und das innere Suchorgan nach der Spur des Guten zu aktivieren, ist daher das Lesen von Geschichten über Jesus eine weitere mögliche Möglichkeit, sich für die persönliche „Wertebibliothek" inspirieren zu lassen.

Auch bei diesem inspirierenden Vorgang sind beide Zugänge empfohlen: Allein in der Stille und (!) im Gespräch mit anderen jene Wertevorstellungen herauszufinden, die meine innere Zustimmung bekommen. Man könnte das Werte-Flügelrad (Abb. 4 im Kap. 2) umgedeutet anwenden: Ich muss sowohl mit meinem Verstand als auch mit meiner inneren Wahrheitsstimme jene Schnittfläche herausfinden, der ich mit gutem Wissen und Gewissen zustimmen kann. Was ist das im Lebensmodell von Jesus, dem ich mit Herz und Verstand voll zustimmen kann?

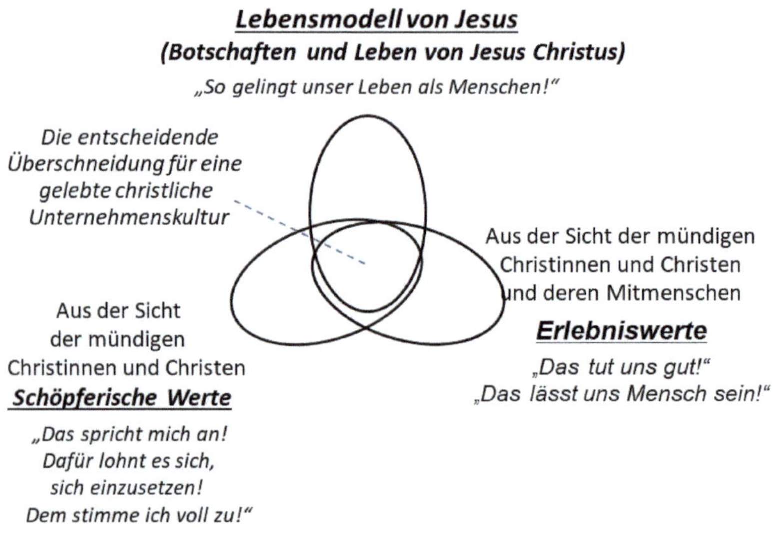

Abbildung 8: Sich vom Lebensmodell Jesu inspirieren lassen

Das, was Christen empfohlen wird, ist eine Auseinandersetzung mit dem Leben von Jesus und das, was im persönlichen Wertesuchprozess als wichtig und richtig erkannt wird, auch zu leben. Von mündigen Christen wird nicht erwartet, dass sie alle Gebote blind übernehmen und die gesamte Theologie kennen, sondern dass sie das, was sie vom Evangelium verstanden haben, auch zu ihrer innersten Überzeugung machen. Von Roger Schutz, dem Prior der ökumenischen Gemeinschaft in Taizé, wird die Aussage überliefert: „Lebe das, was du vom Evangelium begriffen hast. Und wenn es noch so wenig ist. Aber lebe es!" Dahinter steckt der Glaube, dass das Wenige, das jemand verstanden hat und es deshalb auch lebt, für die betroffenen Menschen bereits sehr viel und bedeutsam sein kann. In dieser Aussage kommt das Vertrauen zum Ausdruck: Der Geist selbst wird daraus – wie beim Sauerteig – wirksam werden und das Verständnis für die Botschaft stets erweitern.

Die regelmäßige Auseinandersetzung mit dem Evangelium kann unterschiedliche Formate und Intensitäten haben. Einige Beispiele: Bei einer Teambesprechung wird in der Adventzeit oder in Fastenzeit als spiritueller Impuls am Beginn der Sitzung eine Bibelstelle vorgelesen und im Anschluss darüber ein 15-minütiges Gespräch geführt, was dieser Text für den eigenen Arbeitsalltag bedeuten könnte. In einer Klausur kann zum Tagesausklang jemand eine Episode von Jesus erzählen, die ihn persönlich fasziniert, und ladet auch hier zu einem Gespräch ein. Dabei ist darauf zu achten, dass nicht nur darüber diskutiert wird, was nicht verstanden wurde oder fremd auf einen wirkt, sondern dass beim Austausch der Fokus darauf gelegt wird, was die Einzelnen verstanden haben und für den Alltag mitnehmen können. Manche Menschen lesen regelmäßig im Evangelium oder nehmen sich in der Fastenzeit vor, in einem der vier Evangelien jeden Tag ein Stück zu lesen. All jene, die regelmäßig einen Gottesdienst mitfeiern, bekommen die Chance, sich jedes Mal von den Schriftlesungen und der Predigt inspirieren zu lassen.

6.1.4 Ausgewählte Wesenszüge des Lebensmodells von Jesus

Was macht nun das Lebensmodell Jesu aus? Hier möchte ich einige Wesenszüge exemplarisch bringen, die für den Führungsalltag relevant sind. Gleichzeitig soll damit deutlich werden, dass das, was in den vorigen Kapiteln über Eigenverantwortung und die Voraussetzungen für eigenverantwortliches Engagement geschrieben wurde, dem jesuanischen und damit dem christlichen Verständnis von Menschsein und Glauben entspricht. Doch vorher noch eine Erfahrung aus der Vinzenz Gruppe:

Vor einigen Jahren gab es dort in der Werte- und Kulturarbeit den inhaltlichen Schwerpunkt „Gesegnet sein und Segnen". Dahinter stand das Wissen, dass das bewusste Leben mit dem Segen Gottes in der alltäglichen Arbeit für eine christliche Organisation eine besondere Chance darstellt. Wir wussten aber auch, dass ein Einander-Segnen und Einander-den-Segen-Wünschen unter den Führungskräften und Mitarbeitenden nicht üblich, ja sogar peinlich und nicht zumutbar ist. Deshalb haben wir uns mit der Bedeutung von „Segnen" intensiver auseinandergesetzt und daraus eine einfache Broschüre mit Anregungen entwickelt. Damit haben wir einen Zugang für das Thema „Segnen" eröffnet und konkrete Möglichkeiten aufgezeigt, wie und in welcher niederschwelligen Form ein Segenswunsch leichter akzeptiert werden könnte. Ein wesentlicher Zwischenschritt in diesem Werteprozess war es, dass wir in allen Führungsebenen – beginnend mit der Geschäftsleitung – eine Stunde

Zeit für einen Austausch über konkrete Erfahrungen zu dem Thema „Unter Seinem Segen arbeiten" genommen haben. Die hinführende Fragestellung lautete: „Erzählen wir einander konkrete Geschichten und Erfahrungen, bei denen wir Erfolg hatten, aber im Nachhinein zugeben mussten: Der Erfolg war nicht nur meine Leistung. Ein wesentlicher Beitrag zum Erfolg passierte zufällig, ungeplant und unerwartet oder: Einen wesentlichen Beitrag zum Erfolg haben andere geleistet."

Mit diesem Austausch wollten wir auf konkrete Erfahrungen hinweisen – offen für eine weltimmanente Deutung oder eine Deutung als Gottes Rückenwind. Nach dem Austausch haben wir die christliche Deutung als Segenserfahrungen dazu gestellt und die Broschüre vorgestellt. In manchen Kreisen hatte ich Herzklopfen, weil ich nicht wusste, wie die Fragestellung des Erfahrungsaustausches aufgenommen wird und wie wir tatsächlich eine Stunde mit konkreten Erfahrungen füllen könnten. Oft war der Beginn mühsam. Trotz allem war ich erstaunt, welche Geschichten erzählt wurden und dass meistens gerade von Menschen, von denen ich es nicht erwartet hätte, das Eis gebrochen wurde. Mit diesem Austausch war der Boden dafür bereitet, dass erahnt werden konnte, was mit „unter Seinem Segen leben" gemeint war.

Verschaffen wir uns nun einen Einblick in das Lebensmodell von Jesus. Die konkreten Beispiele sollen helfen, die Verbindung zwischen diesem Lebensmodell und dem Führungsalltag herzustellen. Sie stammen aus diesen Austauschgesprächen zu dem Thema „Unter Seinem Segen arbeiten" in der Vinzenz Gruppe oder in anderen Unternehmen.

6.1.4.1 Aus einer tiefen Beziehung zum Vater handeln

Dieser Wesenszug ist wie ein musikalisches Grundthema, weil er sich durch sein ganzes Leben durchzieht und stets bei allen anderen Auszeichnungsmerkmalen von Jesus mitschwingt. Jesus war ein spiritueller Mensch, der eine besondere Werte-Quelle hatte, nämlich seine Beziehung zu seinem göttlichen Vater. Er hat sich immer wieder in die Stille zurückgezogen, um hinzuhorchen und im betenden Gespräch mit seinem Vater den Weg zu finden (z. B.: Mk 1,35; Lk 5,16; Lk 9,18). Aus dieser engen Verbundenheit an einsamen Orten, obwohl sich die Menschenmenge um ihn drängte (Mk 1,36), holte er sich die Kraft für sein Wirken. So konnte er treu seinem Auftrag und – in der Sprache von Viktor Frankl ausgedrückt – treu seinen schöpferischen Werten agieren. Der Theologe Helmuth Jaschke arbeitet in dem Buch „Jesus der Mystiker"[48] die Bedeutung dieser innigen Beziehung zu Gott Vater radikal heraus. In der

48 Jaschke 2008

jüdischen Tradition gab es unterschiedliche Antworten auf die Frage, wie der Mensch sein gutes Potenzial entfalten und dabei die zerstörende Kraft der Begierde in den Griff bekommen kann. Eine der Antworten waren immer wieder Normen, Gesetze und Gebote.

Das radikal Neue von Jesus – so schreibt Jaschke – ist aber, dass Jesus uns Menschen zu dieser spirituellen Beziehung zu seinem Vater hinführen möchte, die keinen moralischen Überbau und keine Gebote außer dem Liebesgebot mehr braucht. In dem dreifachen Liebesgebot ist das Wesentliche gesagt. Jaschke geht noch einen interessanten Schritt weiter: Er versucht nachzuweisen, dass in den Evangelien, die ja Jahrzehnte nach dem Tod Jesu verfasst wurden, die junge Kirche diesen mystischen Ansatz von Jesus für die breite Masse nicht ganz tauglich hielt und dabei wieder auf die bewährte Methode der moralischen Gebote zurückgegriffen hat. Die originalen Jesu-Worte haben aber diesen rein mystischen Charakter: Wer in dieser engen Verbundenheit mit Gott lebt, der braucht keine Gebote mehr, sondern seine Haltungen und sein Verhalten werden von dieser Beziehung geprägt.[49] So sind wir alle zur Freiheit der Kinder Gottes erlöst worden (Röm 8,21). Damit übersteigt das jesuanische Verständnis von Gott alle bisherigen Bilder von ihm. „Und Gott ist nicht mehr eine nach menschlichen Vorstellungen und Vorbildern zu definierende Größe in wo immer gedachten Räumen oben, sondern er ist das unfassbare und letztlich nicht begreifbare ‚Wesen' des Menschen und des Miteinanders von Mensch zu Mensch und Mensch zu Welt".[50]

Wie immer wir die Evangelien nun sehen und deuten, in dem Lebensmodell von Jesus spielt diese Beziehung zu seinem innersten Wesen, zu seinem göttlichen Vater eine große Rolle. Für Führungskräfte ist Jesus ein nachahmenswertes Vorbild für das Unterbrechen des alltäglichen Getrieben-Seins, um Kontakt zu dem eigenen Inneren zu finden und auf die innere und somit göttliche Wahrheitsstimme zu horchen. Er ist auch eine Einladung, horchend vor ein „größeres Wesen" hinzutreten und sich selbstkritisch für das eigene Lebensmodell von den Ansätzen von Jesus inspirieren zu lassen.

49 So erklärt Jaschke die beiden Strömungen in den Evangelien, dass gerade das „Leisten-Müssen" als Deutung von der jungen Kirche zu verstehen ist. „Und so gewann nicht die paulinische Erkenntnis, dass der Mensch vor Gott nichts leisten muss, um von ihm angenommen zu werden, die Oberhand, sondern die Angst, bei der Endabrechnung nicht zu bestehen. In die Herzen brannte sich nicht die Botschaft ‚Zur Freiheit hat Christus uns befreit' (Galater 5,1), sondern die Mahnung ‚Wirkt … euer eigenes Heil mit Furcht und Zittern!' (Philipper 2, 12) ein." Jaschke 2008, S. 61.

50 Ebd., S. 106

6.1.4.2 Halt finden und Halt geben

Wer immer wieder rückblickend darauf schaut, was einem am vergangenen Tag oder in letzter Zeit alles an Lebensfreude und Hilfestellungen zugespielt wurde, dem erwächst eine dankbare Grundhaltung dem Leben gegenüber bzw. ein Grundvertrauen in die Zukunft. Dieses Grundvertrauen entkrampft und es erlaubt, mit einer gewissen Leichtigkeit manche Problemstellungen anzugehen und mit einem freien Kopf die Themen abzuarbeiten.

Ein Geschäftsführer erzählte folgende Begebenheit: Er war auf dem Weg zu einer schwierigen Verhandlung, bei der er nach den bisherigen Gesprächen wenig Aussicht auf Erfolg sah. Beim Verlassen des Hauses begegnete ihm eine geistliche Schwester, die ihn interessiert danach fragte, wohin er denn gerade unterwegs sei. Er erzählte eher kurz angebunden von dem bevorstehenden Verhandlungsgespräch. Die Schwester antwortete: „Und ich gehe gerade zu meinen Mitschwestern zum Gebet. Wir werden für Sie und für einen guten Ausgang der Verhandlung beten! Sie sollen wissen, dass wir Sie auf diese Weise unterstützen!“ Bei der Verhandlung gab es dann tatsächlich eine unerwartete Wende. Er betonte aber: „Das Entscheidende und für mich Auffallende in der Geschichte war, wie mich die Zusage der Schwester in diesem Moment entlastet und mir die Gewissheit gegeben hat: Ich habe mich gut vorbereitet und habe getan, was möglich war. Ich werde mein Bestes geben, aber ich brauch auch ein wenig Glück! Und das hatte ich dann auch.“

Vertrauen in Gott ist noch keine Garantie für eine Erfolgsgeschichte. Jesus selbst hat aus der Beziehung zu seinem Vater Mut und Vertrauen gefasst. Bevor er in die Öffentlichkeit ging, hat er sich 40 Tage in die Stille der Wüste zurückgezogen, um aus der Beziehung zum Vater Klarheit über seinen Auftrag und Kraft zu bekommen. Wie schon oben erwähnt, berichten die Evangelien immer wieder, dass er sich „an einen einsamen Ort zurückzieht, um zu beten“ (Mk 1,35). Vor seiner Gefangennahme, als schon längst klar war, dass er mit seinem Engagement die Machthabenden zu seinen Feinden gemacht hatte und er scheitern wird, zog er sich nochmals in seiner Angst im Garten Gethsemane zum Gebet zurück, um in seiner Verzweiflung bei seinem Vater Halt zu finden.

Weil er bei seinem Vater Halt fand, konnte er auch vielen Menschen Halt und Schutz geben. Als Beispiel bringe ich hier die Symbolgeschichte von der Seenot der Jünger. Sie kamen während einer Bootsfahrt in ein Unwetter und hatten große Angst. Jesus, der über den See schritt und damit symbolisch zeigte, wie er über allem Bedrohlichen steht, konnte ihnen die Angst nehmen. Er hat Petrus gezeigt: „Wenn du Gott vertraust, dann kannst auch du über jeder Angst stehen. Du kannst sogar aus dem Boot aussteigen.“ Jesus hat ihm die Hand gereicht und Halt geboten. Indirekt steckt in dieser Perikope die Botschaft, dass wir in diesem Vertrauen sogar selbstgemachte Sicherheiten verlassen können (vgl. Mt 14, 22–32).

Im Vertrauen auf Gott können wir Halt und Sicherheit finden, die ermöglicht, trotz Angst unsere Wege zu gehen und auch anderen Halt zu geben. Das haben in der oben erwähnten Geschichte aus der Austauschrunde sowohl die geistliche Schwester als auch der Geschäftsführer im praktischen Alltag vorgelebt.

6.1.4.3 Sich berühren lassen und berühren

Die Jünger saßen nach der Hinrichtung von Jesus und nach den Erzählungen der Frauen von dem leeren Grab hinter verschlossenen Türen. Diese Situation stelle ich mir als eine sehr angespannte vor: Einerseits kursierte die Angst, dass ihnen ähnlich ihrem Freund Jesus die Hinrichtung blühen könnte. Andererseits kam unsichere Freude auf, nicht wissend, ob die Geschichten der Frauen von dem leeren Grab stimmen. Vielleicht hatten sie auch von der selbstgewählten Zurückgezogenheit genug. In dieser Situation – so berichtet die Heilige Schrift – tritt der auferstandene Jesus in ihre Runde, er hauchte sie an und sagte: „Der Friede sei mit euch!" Und nochmals hauchte er sie an: „Empfanget den Heiligen Geist!" Diese Begegnung und das „Anhauchen" veränderte die Stimmung und das Verhalten der Jünger (Joh 20,19 – 23). Das war der Anfang eines couragierten Auftretens.

Eine Erzählung aus einer der Austauschrunden: Ein Arzt wurde zum ärztlichen Direktor eines großen Krankenhauses ernannt. Als jemand bei einer privaten Feier mit Freunden seine Ernennung zum Thema machte, richtete sich die Aufmerksamkeit aller geladenen Gäste auf ihn. Man gratulierte ihm, redete von „einer schönen, aber sicherlich nicht einfachen Aufgabe". Es war auch ein Priester dabei, der ihm zusagte, dass er sich sicher ist, dass er diese Aufgaben gut gestalten wird. Er möchte ihm – wenn er selbst es möchte – den Segen dazu sprechen, was er dann auch tat. Der ärztliche Direktor erzählte, wie sehr er von dieser Aufmerksamkeit berührt war und sich von dem Segenszuspruch gestärkt gefühlt hat. Als er kurz darauf in einer Diskussionsrunde in seinem Krankenhaus erfahren hat, dass das lateinische Wort für Segen „benedicere" übersetzt „jemandem etwas Gutes zusagen" heißt, hat er sich vorgenommen, nach Möglichkeit jedes Gespräch damit zu beenden, dass er noch etwas Gutes dem anderen zusagt: einen Wunsch, eine Rückmeldung der Wertschätzung, einen Dank. Die persönliche Erfahrung, die ihn positiv berührt hat, war die Basis, auch seine Mitmenschen mit guten Zusagen zu berühren.

Dazu könnten noch mehrere Geschichten angeführt werden, wie z. B.: Jemand bekommt in einer Krisensituation einen unerwarteten Anruf von einer Person, die konkrete Hilfestellungen zusagt, obwohl sie gar nicht zu diesem Unternehmen gehört. Das war eine besonders berührende Erfahrung: In der Stimmung der Aussichtlosigkeit plötzlich wieder belebt und voll Energie erfüllt zu sein, weil sich wie aus dem Nichts kommend neue Perspektiven eröffneten. Berührt von dieser Hilfsbereitschaft hat diese Erfahrung den Blick geweitet, selbst über den eigenen Tellerrand Ausschau zu halten, wo jemand Unterstützung braucht.

Zur Verdeutlichung, dass dieses „Sich-berühren-Lassen und Andere-Berühren" zum Lebensmodell von Jesus gehört, könnten viele Heilungsgeschichten gebracht werden. Exemplarisch sei hier aber die Geschichte von Zachäus erwähnt: Der Zöllner, der im Namen der Besatzer Steuern eingehoben hatte und für die eigene Existenzsicherung uneingeschränkt zusätzliche Beträge einfordern durfte, war bei der Bevölkerung nicht sehr beliebt. Trotzdem war sein Interesse, wer denn dieser Jesus sei, sehr groß. Deshalb kletterte er auf einen Baum – vermutlich aus zwei Gründen: Hier kann er trotz der großen Menschenmenge besser Jesus beobachten und in der Baumkrone kann er sich ein wenig vor der Menge schützen. Jesus ist dieses Interesse aufgefallen und er sprach ihn öffentlich an, dass er herunterkommen möge. Er möchte bei ihm einkehren – was bei den frommen Juden Ärger auslöste. Über diese öffentliche Zuwendung war Zächäus derart betroffen, dass er von sich aus erkannte und zusagte, dass er sein Leben ändern möchte: Wo er von den Menschen zu viel verlangt hat, wird er das Geld wieder zurückgeben. Hier wird also eine Bekehrung erzählt, die nicht aus moralischen Forderungen, sondern rein aus dem Berührtsein durch die liebende Zuwendung gewachsen ist (vgl. Lk 19,1–10).

Es braucht diese offene Aufmerksamkeit: um sich vom Leben berühren zu lassen und aus dem Berührtsein mit dem eigenen Verhalten anderen Menschen Gutes tun und auch sie zu „berühren". Das ist für viele Christen ein nachahmenswerter Zug seines Lebensmodells. Mit dieser Haltung können Führungskräfte alltägliche Impulse für ihre intendierte Führungskultur setzen.

6.1.4.4 Kreativ über Grenzen gehen und Grenzen setzen

Wer situativ einen Wert erfasst und aus dieser inneren Stellungnahme heraus agiert, der wird klare Akzente setzen, für die er nicht nur Anerkennung bekommen wird. Das kann bedeuten, dass er Mitmenschen klare Grenzen setzt, aber auch, dass er Grenzen überschreitet, weil er unüblich agiert und sich damit der Kritik anderer aussetzt. Davon ist das Handeln von Jesus gekennzeichnet, dass er in manchen Fällen gegen den Mainstream geredet und gehandelt hat.

Eine Abteilungsleiterin erzählt folgende Erfahrung: Eine durchaus verlässliche, wenn auch nicht hervorragende Mitarbeiterin hat an Leistung nachgelassen. Es fiel auf, dass sie aufgrund mangelnder Konzentration des Öfteren Fehler machte, zu spät in den Dienst kam und bei ihrer Arbeit müde wirkte. In Gesprächen unter vier Augen erzählte die Mitarbeiterin von privaten Problemen. Sie lebte noch in einem größeren Familienverband mit Eltern und Geschwistern. Dort gab es schwierige Konstellationen, die sie bis an ihre Grenzen forderten. Sie kam in der Nacht wenig zum Schlafen, Erholungsphasen gab es keine. Die Mitarbeiterin versprach, die private Situation zu verändern und möglichst bald wieder zur gewohnten Leistung zurückzufinden. Das restliche Team wurde bereits ungeduldig. Trotz mehrmaligen Gesprächen änderte sich nichts, eine Kündigung wurde bereits in Aussicht gestellt. In einer kollegialen Beratung mit anderen Führungskräften wurde der Abteilungsleiterin einheitlich empfohlen, sich damit abzufinden, dass sie für die private Situation von Mitarbeitenden nicht zuständig sei, auf die Motivation des restlichen Teams schauen müsse und sich deshalb von der Mitarbeiterin trennen sollte. Als die Abteilungsleiterin aber in ihrem privaten Umfeld vom Freiwerden einer günstigen Mietwohnung erfuhr, vermittelte sie diese ihrer Mitarbeiterin weiter. Damit diese die Entscheidung, von zu Hause auszuziehen, auch schafft, führte sie selbst weitere kurze Gespräche mit ihr und empfahl ihr zur Begleitung während der nächsten Monate einen Psychotherapeuten. Diese Schritte waren riskant, das Team nochmals um geduldiges Mittragen der Kollegin zu motivieren und sich dem kritischen Belächelt-Werden von den anderen Abteilungsleiterinnen auszusetzen. „Ich weiß, dass ich außerhalb der Norm gehandelt habe. Ich habe für etwas Verantwortung übernommen, für das ich überhaupt nicht zuständig bin! Intuitiv habe ich trotz der Ratschläge meiner Kolleginnen so agiert. Nach wenigen Wochen hat sich herausgestellt, dass es sich gelohnt hat!“ erzählte die Abteilungsleiterin, sichtbar froh und dankbar, dass die Geschichte für alle Beteiligten positiv ausgegangen ist.

Es ist faszinierend, wie Jesus immer wieder kreativ gute Antworten und Lösungen findet. Vermutlich konnte er dadurch, dass er sich immer wieder in die Stille und zum „Verweilen bei seinem Vater“ zurückgezogen hat, originelle Wege finden. Als z. B. viele Menschen aufgeregt vor Jesus eine Frau wegen Ehebruchs steinigen wollten, weil dies das jüdische Gesetz so vorsieht, hat Jesus vorerst – wie eine Verlegenheitsgeste oder eine Möglichkeit, sich Zeit zum Nachdenken zu verschaffen – mit seinem Finger in den Sand gezeichnet.

Mit seinen Worten „Wer ohne Sünde ist, der werfe den ersten Stein!“ hat er bei der Menschenmenge ihre Motivation zur Tötung der Frau und die Sinnhaftigkeit der gesetzlichen Vorschrift untergraben. Damit hat er eine gesetzliche Grenze überschritten, aber gleichzeitig eine Grenze gesetzt (Joh 8, 1–11). In einer anderen Situation heilte er am Sabbat, einem Tag, an dem keine Arbeit und somit auch keine ärztlichen Handlungen verrichtet werden durften, den Mann mit der verdorrten Hand. Fast demonstrativ schaute er die Menschen „voll Zorn“ an, womit seine Entschlossenheit für sein heilendes Wirken ausgedrückt wird, und heilte den Mann vor versammelter Menge (Mk 3,1–6).

Wenn wir durchaus bekannte Bibelstellen mit Menschen, die weniger christlich sozialisiert sind, genau lesen und besprechen, dann wird sehr oft die Bewunderung ausgedrückt, wie erfinderisch Jesus seine Haltung auf den Punkt bringt und dabei immer wieder mutig über Grenzen geht. Dahinter stehen eben klare Stellungnahmen, mit denen er das Liebesgebot konkret veranschaulicht.

6.1.4.5 Menschen Beachtung schenken und einen Neuanfang ermöglichen

Wir Menschen können viel Gutes bewegen, aber wir alle machen Fehler. Wenn wir ehrlich zu uns sind, dann werden wir zugeben müssen, dass auch wir ungerecht oder unfair gehandelt und gar jemanden verletzt haben. Und trotzdem dürfen wir erfahren: Dass wir geliebte Menschen sind und dass uns das „Leben“ trotz unserer schäbigen Seiten immer wieder für eine bessere Gesellschaft einsetzt.

Ein Abteilungsleiter erzählte, wie er durch sein unbedachtes Verhalten bei seinen Mitarbeitenden Missverständnisse, ein Durcheinander und damit einen großen Aufruhr produziert hat. Ihm selber war es vorerst nicht gelungen, die Stimmung aufzufangen. Ein neuer Mitarbeiter hingegen kam mit einigen Mitarbeitenden gut ins Gespräch und es brauchte Zeit, bis alle Missverständnisse aufgeklärt waren und sich die Wogen geglättet haben. Der Abteilungsleiter sagte: „Wenn ich ehrlich bin, dieses Geschick hätte ich ihm nicht zugetraut. Er war in dieser Situation für uns alle ein wahrer Segen!“ und er erzählt weiter: „Noch sehr betroffen von meinem eigenen Unvermögen bedankte sich ca. eine Stunde später eine Kollegin der Nachbarabteilung bei mir, weil ich in einem Kooperationsprojekt bei ihren Mitarbeitenden nachhaltige wichtige Impulse gegeben hatte. Wie knapp das nebeneinander liegen kann: selbst zu versagen und defacto im selben Atemzug Gutes zu bewirken!“

Dass Jesus sehr aufmerksam und mit hoher Wertschätzung die einzelnen Menschen um sich wahrgenommen hat, bezeugen mehrere Szenen des Evangeliums. Hier werden zwei herausgegriffen: Jesus beobachtete die Leute, die Geld in einen Opferkasten warfen. Viele Reiche kamen und gaben viel. Da kam auch eine arme Witwe und warf zwei kleine Münzen hinein. Jesus hob sie lobend hervor, weil die Reichen von ihrem Überfluss gegeben haben, die arme Witwe aber alles, was sie besaß (Mk 12,41–44). In einer anderen Geschichte begegnet Jesus am Brunnen eine Samariterin und er redete sie an. Damit reagierte er außerhalb der Norm: eine Frau anzusprechen und noch dazu eine von den Samaritern, die von den Juden als Fremde und Ungläubige gemieden wurden. Außerdem war sie eine bekannte Frau, mit der sich niemand öffentlich sehen lassen wollte. Jesus sprach sie auch direkt wegen ihrer vielen Männer an – aber offenbar in einer nicht beschämenden Weise, wodurch sich die Frau von ihm verstanden fühlte. Von dieser wertschätzenden und verständnisvollen Begegnung war sie derart berührt, dass sie anschließend im Dorf voll Begeisterung von Jesus erzählte und viele Menschen zu ihm brachte (Joh 4,15–42).

Das war ein wichtiges Kennzeichen von Jesu Mission: jene, die in der Gesellschaft einen niederen Status hatten und ausgegrenzt wurden, wahrnehmen, ihnen Scham nehmen und Würde geben. In seiner Zuwendung hat er manchen Gescheiterten einen versöhnlichen Neuanfang ermöglicht. Für Führungskräfte bedeutet das einen Balanceakt, denn einerseits sollen sie ihren Mitarbeitenden klare Orientierung geben und bei Bedarf auch kritisch qualitative Leistung einfordern. Andererseits empfiehlt das Vorbild Jesus, bei Fehlern und Versagen die Lernchance und einen Neuanfang zu ermöglichen. Eine gute Fehlerkultur im Team aufzubauen und diese am Leben zu erhalten, ist eine Kunst und eine Chance. Auf alle Fälle ist stark kulturprägend, wenn Leistungen und Beiträge der stillen Mitarbeitenden gesehen und vor den Vorhang geholt werden.

6.1.4.6 Sich den Notleidenden zuwenden und heilen

Werte brauchen Grenzen, sonst werden sie wertlos. Man kann mit Kunden oder Mitarbeitenden nicht endlos barmherzig umgehen. Die Grenzen ermöglichen, dass man auch morgen noch barmherzig tätig sein kann. Mitarbeitende gehören nicht zur Klientel, sondern sie sind Leistungsträgerinnen und -träger. Dennoch dürfen Werte nicht vorschnell untergraben werden. Es gehört wesentlich zu einer christlichen Kultur, Not bei Menschen wahrzunehmen und Not-Wendiges zu tun – auch bei Mitarbeitenden. Das war eine zentrale Botschaft in den Reden und Handlungen von Jesus.

In der Vinzenz Gruppe gab es sogenannte Wertetage. Ziel war es, die bereits gelebte Wertekultur den Mitarbeitenden sichtbar und bewusstzumachen und Entwicklungspotenziale zu orten. In einem Vorbereitungsprozess wurden Kurzfilme gedreht und für die einzelnen Gesundheitseinrichtungen ein vielseitiges Programm zusammengestellt. In den Diskussionsrunden hörte ich sehr oft Statements wie: „Ich bin sehr dankbar, dass mich mein Chef in meiner persönlichen Krise nicht fallen ließ, sondern er und mein Team mich durchgetragen haben!“ Da wurde die gelebte Menschlichkeit erfahrbar, auch wenn sich kein Unternehmen ein verbindliches Versprechen leisten kann, dass allen Mitarbeitenden in deren privaten oder persönlichen Krisen geholfen wird. Und doch passiert diese Hilfestellung immer wieder. Ein Zeichen, dass die Grundhaltung bei vielen stimmt.

Als Jesus von einem Schriftgelehrten gefragt wurde, wie er in den Himmel kommen könne, gab Jesus eine Rückfrage zur Antwort: „Was meinst du selbst als Schriftgelehrter?“ Der Schriftgelehrte zitierte daraufhin das Liebesgebot. Um scheinbar seine Frage zu rechtfertigen, setzte der Schriftgelehrte mit einer weiteren Frage nach: „Und wer ist mein Nächster?“ Als Antwort erzählte Jesus die Geschichte von dem Mann, der von Räubern niedergeschlagen und halbtot liegen gelassen wurde. Ein Priester und ein Levit – also angesehene Männer – gingen an ihm vorbei. In dieser Geschichte stellt Jesus einen Samariter, der als ungläubig und fremd galt, als Vorbild hin. Er hat die Erstversorgung des Überfallopfers vorgenommen, ihn zu einer Herberge mit seinem Esel transportiert und dem Wirt für die weitere Versorgung bezahlt. Entscheidend war für Jesus nicht, zu welcher religiösen Gruppe jemand gehörte oder wie die fromme Praxis aussah. Entscheidend für Jesus war das konkrete Handeln für jemanden, der in Not geraten ist, und dass man sich selbst dem Notleidenden als der Nächste erweist (Lk 10, 25–37).

Mit dieser Beispielgeschichte zeigte Jesus auf, dass er die Nächstenliebe sehr konkret versteht. Ein Team in einem Unternehmen kann sich freuen, wenn diese Aufmerksamkeit füreinander vorhanden ist – bei den Mitarbeitenden und Führungskräften. Dazu braucht es das wachsame Erkennen, wer gerade an die eigenen Grenzen kommt oder sonst eine Not erlebt, und das konkrete Zupacken, wo jemand Unterstützung braucht. Das ist ein wesentlicher Mosaikstein einer christlichen Kultur. Damit wird nochmals klar, dass Kultur nicht bei der Führungskraft alleinhängen bleibt, sondern diese Haltung auch von den Mitarbeitenden gelebt werden sollte – übrigens auch gegenüber der Führungskraft.

6.1.4.7 Begleiten, fördern und ermächtigen

Wer hat schon perfekte Mitarbeitende? Welche Führungskraft ist selber perfekt? Sind wir ehrlich zu uns selbst: Unsere eigenen Kompetenzen sind über Jahre gewachsen und das Leben hat uns durch Menschen, Chancen und Lernerfahrungen gefördert. Dieses Bewusstsein ist bei Führungskräften Voraussetzung für ihr personalentwicklerisches Geschick in der Begleitung von Mitarbeitenden mit dem Ziel des eigenverantwortlichen Handelns. Salopp formuliert: Jesus war ein Meister in der Förderung und Ermächtigung seiner Jünger, was ihm allerdings nicht bei allen gelang.

„Für mich war es ein Segen, dass ich als ein junger Student das Vertrauen bekommen habe, eine fünftägige Klausur mit durchaus angesehenen Persönlichkeiten zu gestalten und zu moderieren", erzählt eine Führungskraft. „Dass ich dabei gut begleitet wurde, war ein Schlüssel für den damaligen Erfolg. Das war aber auch der Grund, weshalb ich sehr frühzeitig begonnen habe, für Organisationen Verantwortung zu übernehmen und meinen Weg als Führungskraft zu gehen. Erst später ist mir bewusst geworden, dass diese Erfahrung die Basis dafür war, dass ich in meinem Leben stets daran interessiert war, junge Menschen in ihrem Potenzial zu fördern!" So ein Statement einer Führungskraft in den Austauschgesprächen.

Hinter dem Satz von Jesus „So wie mich der Vater gesendet hat, so sende ich euch!" (Joh 20,21) steht ein längerfristiges Programm, man könnte fast von einem Personalentwicklungsprogramm sprechen. Markant ist der Weg, wie Jesus Simon Petrus einige Jahre begleitet und ihn zuletzt ermächtigt hat Verantwortung für seine zukünftige Gemeinschaft zu übernehmen. Simon war ein leidenschaftlicher Apostel, der in seiner Begeisterung Jesus zusagte: „Herr, ich bin bereit mit dir sogar ins Gefängnis und in den Tod zu gehen!" (Lk 22,33). Jesus hat ihn auf den Berg der Verklärung mitgenommen, wo Jesus, Simon und zwei weitere Jünger sozusagen einen Vorausblick in den Himmel erfahren haben. Dort konnten die Jünger wahrnehmen, was diese Verbundenheit Jesu mit seinem Vater bedeutet hat. Simon wollte dort am liebsten bleiben (Mt 17,4), doch Jesu Weg ging zurück in den Alltag, wo sich sein Leidensweg abzeichnete. Jesus, der das Potenzial von Simon erkannte, gab ihm den Beinamen „Petrus", was so viel wie Fels bedeutet, und hat ihm eine Schlüsselrolle übertragen: Auf ihm, dem Felsen, will er seine zukünftige Gemeinschaft aufbauen (Mt 16,18). Kurz darauf wollte Simon Petrus Jesus von seinem Leidensweg abhalten. Daraufhin hat Jesus ihn mit ungewöhnlich scharfen Worten zurechtgewiesen: „Geh weg von mir, Satan!" (Mt 16,21–23). Bei der Gefangennahme versuchte der Petrus Jesus mit dem Schwert zu verteidigen und hieb dabei einem der Soldaten das Ohr ab (Lk 22,49–51). Jesus wusste, dass Petrus auch seine Schwächen hatte, und dass er – aus Angst

– dreimal leugnen würde, Jesus zu kennen. Als nach dem Tod der auferstandene Jesus dem Petrus begegnete, fragte Jesus ihn dreimal, ob er ihn wirklich liebe. Bei der dritten Frage kamen in Petrus Emotionen auf und er sagte mit trauriger Betroffenheit: „Herr! Du weißt, dass ich dich liebe!" (Joh 21,17) Jesus provozierte damit, dass Petrus sich für das Werk Jesu mit Emotion engagieren wird, auch wenn es schwierig und unangenehm werden sollte.

Das Ereignis der Himmelfahrt – wie immer man diese Geschichte deuten möchte – ist als eine Übergabe der Verantwortung für die Anliegen von Jesus an seine Jünger zu sehen. „Ihr werdet jetzt meine Zeugen sein!" (Apg 1,8) war sein Auftrag an Petrus und seine Freunde und er sagte ihnen die Kraft des Heiligen Geist als Unterstützung zu. Er sandte sie mit den Worten „Geht in alle Welt ..." (Mt 28,19). Damit wurde die Perspektive eröffnet, dass sie eigenverantwortlich im Sinne Jesu wirken werden. Der Durchbruch aber gelang erst im Pfingstereignis, als die Jünger – unter ihnen auch Petrus – sich nach wie vor ängstlich zurückgezogen hatten und plötzlich erlebten, wie sie ein Geistessturm erfasste. Sie waren auf einmal voll Feuer und Flamme, aus ihrer schützenden „Wohlfühlgruppe" auszusteigen, um couragiert für ein jesuanisches Verständnis von Leben und Menschsein einzutreten und ebenso wie Jesus heilend für die Notleidenden und Armen zu wirken. Pfingsten kann man auch so deuten: Hier geschah der letzte wesentliche Schritt der Ermächtigung, sodass sie mit Vollmacht wirken konnten.

Wenn man das gesamte Leben von Jesus betrachtet, dann wird dieser Wesenszug Jesus deutlich: Menschen mit all ihren Potenzialen und Schwächen zu begleiten, zu entwickeln und zu bevollmächtigen, damit sie kraftvoll und eigenverantwortlich sein Werk weiterführen können. Jesus hat auch hier eine hohe Latte für Führungskräfte vorgelegt. Aber: Die Zusage des stärkenden Geistes gilt auch für die Führungskräfte.

6.1.4.8 Zuordnung der existenziellen Grundmotivationen zum Lebensmodell Jesu

In einem graphischen Überblick möchte ich die ausgewählten Wesenszüge des Lebensmodells Jesu den existenziellen Grundmotivationen zuordnen. Damit soll sichtbar werden, dass das Bemühen um eine Kultur des eigenverantwortlichen Engagements durchaus dem christlichen Lebensmodell entspricht und Ausdruck einer christlichen Organisation ist. Die Graphik erklärt sich selbst. Trotzdem möchte ich kurz auf zwei Fakten hinweisen:

Die Basis für alle Wesenszüge des Lebensmodells von Jesus von Nazareth ist seine Beziehung zu seinem Vater. Diese intime göttliche Beziehung wirkt sich auf sein gesamtes Handeln aus.

Wenn man sein Lebensmodell den im Kapitel 4 beschriebenen Grundvoraussetzungen von existenziellem Leben zuordnen möchte, dann wird ersichtlich, dass in jedem Wesenszug vom Lebensmodell Jesus mehrere existenzielle Grundbedingungen ins Schwingen kommen.

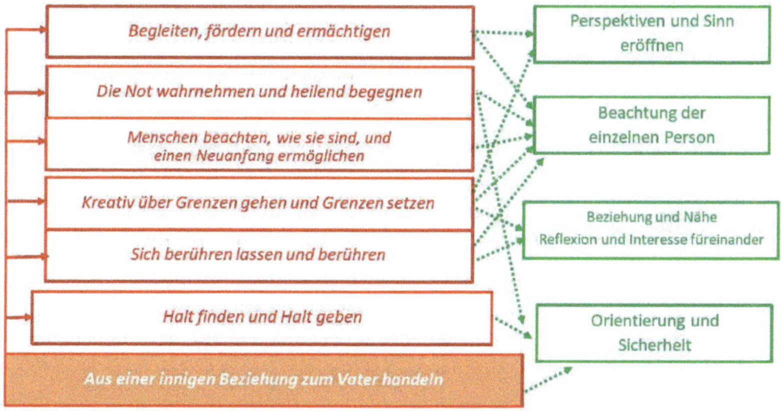

Abbildung 9: Das Lebensmodell von Jesus und die existenziellen Grundbedingungen

6.1.5 Auf den Punkt gebracht: Das ist christliche Spiritualität

In vielen Diskussionen während der Begleitung von Kulturprozessen wurde immer wieder die Frage gestellt: Was ist christlich? Was ist eine christliche Unternehmenskultur? Oft habe ich selbst in christlichen Unternehmen die Forderung gehört: Warum nennen wir es nicht einfach „humanistisch“, dann können sich alle leichter damit identifizieren? Diese Fragen sind nicht einfach zu beantworten. Ich vermute aber, dass mehr Führungskräfte christlich handeln, als wir glauben. Dazu eine Erfahrung am Beginn meiner Arbeit in der Vinzenz Gruppe:

Als ich in der Vinzenz Gruppe meine Arbeitsstelle angetreten hatte, war eine geistliche Schwester, Sr. Josepha, Teil der Geschäftsführung. Ich fragte sie, wie sie mit der Auswahl von Führungskräften umgeht bzw. ob Führungskräfte Mitglied der Katholischen Kirche sein müssen. Sie gab mir folgende Antwort, die für meine Arbeit prägend war: „Wir schauen bei der Auswahl von Führungskräften sehr genau auf drei Kriterien: 1. Ist die Bewerberin bzw. der Bewerber eine gute Führungskraft? 2. Wenn fachliche Kompetenzen gefordert sind, dann werden diese hinterfragt. 3. Und dann prüfen wir, ob die Person werteorientiert handelt oder nicht. Die Erfahrung hat uns gelehrt, dass die Wertehaltung etwas sehr Wichtiges ist. Wenn die Person auch noch ein praktizierender Christ ist, dann freuen wir uns besonders.“ Und sie fügte hinzu: „Sie und ich kennen Menschen, die jeden Sonntag in die Kirche gehen oder sonst sehr fromm sind. Aber im Alltag zeigt sich, dass sie mit Menschen nicht umgehen können und ihr Verhalten alles andere als christlich ist." Über diese Menschen mag sie nicht urteilen, aber auf die Wertehaltungen und das konkrete werteorientierte Verhalten käme es an.

„Christlich" kann somit mehreres bedeuten. Schauen wir nochmals auf die Abbildung „Mehrere Ebenen von gelebten Werten" (Abb. 10):
Wenn eine Führungskraft aus einer innigen Beziehung zu ihrem Gott und im Speziellen zu Jesus Christus lebt, aus einer gelebten Beziehung mit Gott Kraft und Kreativität schöpft, sich am Lebensmodell von Jesus orientiert und ihrer Umwelt viel Gutes tut, dann ist das eindeutig „christlich".

Stellen wir uns eine Führungskraft vor, die ein feines Gespür für Menschen hat, achtsam für sich selbst sorgt, um auch für die Mitarbeitenden, für Kolleginnen und Kollegen ein gutes Arbeitsklima zu schaffen, die aber mit Kirche und Bibel nichts zu tun haben will; mit anderen Worten: Sie pflegt ihre Wertehaltungen, was die Menschen um sie positiv zu spüren bekommen. Dann stelle ich mir – sehr vereinfacht und bildlich ausgedrückt – vor, wie unser Gott mit einem Schmunzeln auf diese Führungskraft blickt. Er wird sich einfach über diesen Menschen freuen und sich denken: „Ja, genau so stelle ich es mir vor! Wunderbar!" Er handelt eindeutig im christlichen Geist, so wie Jesus den ungläubigen Samariter als Vorbild hinstellte. Der Theologe Karl Rahner nannte diese Menschen „anonyme Christen", denn sie bekennen sich nicht zu Jesus Christus, entsprechen aber voll seiner Intention. Übrigens beschwerten sich seine Jünger bei Jesus über Menschen, die Heilsames in seinem Namen vollbrachten, aber sich ihnen nicht anschließen wollten. Die Antwort von Jesus zu dieser Beschwerde war klar – hier sinngemäß: „Lasst Sie nur wirken! Wer nicht gegen uns ist, ist für uns!" (vgl. Mk 9,39)

Es gibt sogar Menschen, wie wir alle sie kennen, die intuitiv viel Gutes tun, auf andere wertschätzend und fördernd zugehen, aber selbst nicht reflektieren und über Haltungen nachdenken. Auch über sie würde ich sagen: Sie handeln im christlichen Sinn. Von außen weiß man nie, was sich im Inneren eines Menschen abspielt. Es liegt aber die Vermutung nahe, dass es sich hier nicht um spirituelle Menschen handelt.

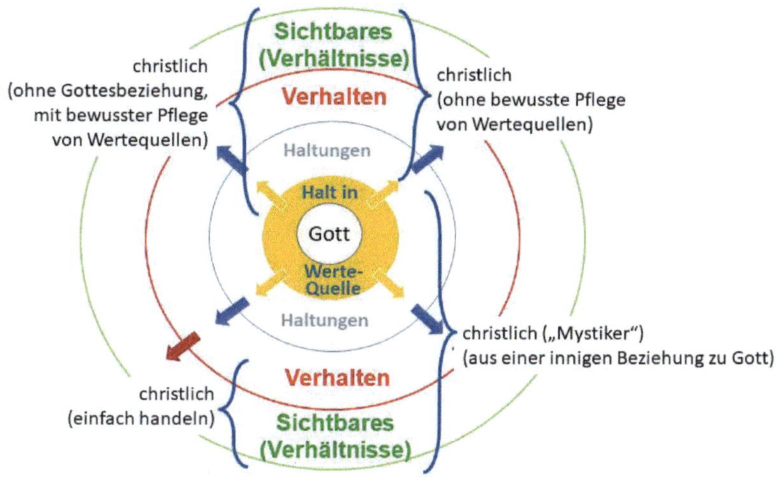

Abbildung 10: Das alles ist unter „christlich" zu verstehen

Letztlich geht es Jesus um den menschlichen Umgang in dieser Welt – allerdings mit der Überzeugung, dass eine gelebte Beziehung zu seinem Vater und das Rechnen mit seinem geistvollen Rückenwind entscheidende Faktoren sind, damit uns ein menschliches Verhalten auch in schwierigen und herausfordernden Situationen gelingt. Aus meiner Sicht sollte man aus folgendem Grund davon Abstand nehmen, statt von einer „christlichen Kultur" von einer „humanistischen Kultur" zu sprechen: In meinem Leben habe ich bereits einige Wandel miterlebt, was der Mainstream der Gesellschaft als „humanistisch" bezeichnet. Die Hilfsbereitschaft der Zivilgesellschaft war am Beginn der Flüchtlingsbewegung überwältigend groß. Und doch ist dieses allgemein gelebte Mittragen der Flüchtlingsschicksale relativ schnell gekippt. In Medien wurde ein mit Flüchtlingen mitfühlender „Gutmensch" bald zum Schimpfwort. Die Solidarität am Beginn der Corona-Krise war eine andere und sie endete, als sich zu einem späteren Zeitpunkt die wirtschaftliche Krise abzeichnete und die Katastrophe im Gesundheitsbereich im Frühjahr 2020 ausblieb. Aus dieser Erfahrung heraus, dass das Verständnis von „humanistisch" rasch gewandelt und manipuliert werden kann, favorisiere ich den Begriff „christlich". Denn damit meine ich eine Menschlichkeit, wie sie Jesus Christus verstanden und vorgelebt hat.

6.2 Pragmatische Zugänge zu einer persönlichen Spiritualität

Um eine Kultur für die Mitarbeitenden zu entwickeln, braucht es die Klarheit der Führungskraft. Spiritualität bringt einen Mehrwert zur Stärkung der Haltungen und der Kreativität. In dem bisher Beschriebenen gab es bereits einige Anregungen, wie Spiritualität im Führungsalltag gelebt und ins Tun umgesetzt werden kann. Unabhängig von der Weltanschauung möchte ich hier einige methodische Zugänge beschreiben, die sich in der Begleitung von einzelnen Persönlichkeiten und in Kulturprozessen bewährt haben. Es sind einfache Türöffner zu einer persönlichen Spiritualität. Es genügt, einen oder zwei dieser Zugänge, die Sie ansprechen und für Sie realistischerweise umsetzbar erscheinen, auszuwählen und im Alltag umzusetzen.

6.2.1 Unterbrechung mitten im Alltag

Ziel dieser einfachen Übung ist es, wieder Kontakt mit seinem Inneren zu finden, evtl. die „innere Wahrheitsstimme" von den anderen Emotionen unterscheiden zu können. Auf die Frage, was Religion ist, antwortete der Theologe Metz mit nur einem Wort: Unterbrechung. Er meinte damit ein Innehalten, um aus dem Getrieben-Sein des Alltags und dem Mitschwimmen mit dem Mainstream aussteigen und die Spur des Guten wieder finden zu können. Die Unterbrechung kann jede Führungskraft in ihrer geeigneten Form ausführen: Bürotür schließen, kräftig durchatmen; raus aus dem Büro und eine Runde im Park gehen; mit einer Schale Kaffee sich zum Fenster stellen und in die Ferne blicken; evtl. Selbstgespräche führen wie: „Das war jetzt heftig!", „Was ist es, was dich ärgert?", „Worum geht es dir jetzt?" „Gutes Leben / guter Gott: Zeige mir, wofür ich mich jetzt einsetzen sollte?"

Hier noch ein Beispiel: Bei einer Führungskräfteklausur hat ein externer Begleiter, Martin Steiner-Wedenig[51], einfache spirituelle Übungen durchgeführt. Einem ärztlichen Direktor blieb vor allem die „kürzeste Meditation", ein kräftiger Atemzug in Erinnerung: Frische Luft kräftig einatmen und alles Destruktive mit einem kräftigen Seufzer ausatmen. Vor jeder Beantwortung von Mails seufzt er jetzt kräftig, um einen klaren Kopf für das Schreiben zu bekommen.

Unterbrechungen mitten im Alltag können unterschiedliche Formen haben. Folgende Haltungen werden damit eingeübt:

- Aus Selbstdistanz die eigenen Primäreindrücken wahrnehmen

51 Einfache Übungen als Hinführung zur Mediation sind zu finden in: Martin Steiner/Pascal Mödli (2013): Meditation hilft. Eine praktische Einführung für alle. Freiburg: Herder.

- In Kontakt mit sich zu bleiben und auf sich zu horchen
- Treu der Spur des persönlich Lebenswerten zu folgen
- Aus dem Getrieben-Sein auszusteigen und „Chairperson meines Handelns“[52] bleiben

6.2.2 Die wichtigste Viertelstunde

Diese Übung ist eine besondere Form der „Unterbrechung mitten im Alltag“. Wir verdanken diese Übung dem Gründer der Jesuiten, dem Ignatius von Loyola. Interessanterweise wird diese Übung gerne von Führungskräften aus dem Profitbereich, bei denen es vorwiegend um das Erreichen von Umsatzzielen geht, im Alltag angewandt. Bei den Seminaren verrate ich allerdings nicht, woher diese Übung kommt und dass es sich um eine spirituelle Übung handelt. Empfohlen wird, sich am späteren Nachmittag, am Ende der Arbeit oder auch vor dem Schlafengehen eine Viertelstunde Zeit zu nehmen. In dieser Zeit lässt man den Tag Revue passieren und achtet sehr darauf, welche Gefühle die einzelnen Begegnungen und Arbeiten auslösten. Ignatius empfiehlt bei der einen oder anderen Situation, die eine positive Resonanz ausgelöst, zu verweilen. Sein Trick ist es, sich die Situation nochmals mit allen Sinnen vorzustellen: Was habe ich gesehen? Höre ich die anderen und mich selbst noch reden? Wie war die Stimmung? Wodurch hat sie sich verändert? Es geht darum, die „Leuchten des Tages“ nochmals in den Blick zu nehmen: Was mir gelungen ist, was andere geleistet haben, was mir ohne mein Zutun zugefallen ist und was meiner Seele einfach gut getan hat. Darüber hinaus werden durch das „Verkosten“ der kostbaren Erfahrungen diese emotional erfasst, wofür im Alltag meist weder Zeit noch Raum ist.

Die Kunst besteht darin, eine praktikable Zeit im Tagesablauf zu finden und diese Übung mit einem Ritual zu verbinden: Manche verbinden die Heimfahrt damit, dass sie ab einer bestimmten Station oder einer Weggabelung aufhören, sich den Problemen zu widmen, sondern beginnen, die „Leuchten des Tages“ anzusehen und sie zu „verkosten“. Ein Marktleiter hat seinen abendlichen Rundgang durch den Markt dafür genutzt, sich über die Leistungen der Mitarbeitenden zu freuen und sich der guten Begegnungen des Tages zu erinnern. Ein Abteilungsleiter, der im Seminar von seinem Ärger mit einem „unmöglichen“ Auszubildenden erzählt hatte, hörte täglich in der Früh eine gute Musik und fragte sich: „Was habe ich gestern Schönes erlebt, sodass ich sagen kann, ich gehe heute gerne in die Arbeit?“ Seine Wahrnehmung veränderte den Fokus durch diese Übung deutlich. Denn beim

52 Dies ist ein Ausdruck aus der „Themenzentrierten Interaktion“ und meint, dass man sich selbst in seinen Möglichkeiten wahrnimmt und jede Situation als ein Angebot für die eigene Entscheidung annimmt. S. J. Röhling, Chairperson-Postulat, in: Schneider-Landolf 2009, S. 95 ff.

Folgeseminar erzählte dieser Leiter mit einem ironischen Lächeln, dass sich der Lehrling in den letzten sechs Wochen sehr verändert habe. Offenbar auch die Wahrnehmung des Abteilungsleiters.

Mit dieser Übung wird der „Rückenwind des Guten" sichtbar und verändert die eigenen Einstellungen. Wer diese „wichtigste Viertelstunde" eine Zeit lang regelmäßig anwendet, wird die Erfahrung machen, dass folgende Haltungen wachsen:

- Dankbarkeit, die die eigene Stimmung positiv prägt
- Aufmerksamkeit gegenüber den Mitarbeitenden, Kolleginnen und Kollegen
- Vertrauen in das Leben und in sich selbst
- Gelassenheit, denn ich kann mit Ungeplantem und Zufallendem rechnen

6.2.3 In Problemen und Entscheidungen Chancen entdecken

Hier geht es um eine Haltung der Problembearbeitung, die manche Führungskräfte als Selbstverständlichkeit sehen werden. Aus meiner Beobachtung könnte diese Haltung verstärkt eingeübt werden. Wenn ein Problem auftaucht, dann werden Ursachen analysiert, daraus Ziele abgeleitet und so das Problem klassisch bearbeitet. Vom christlichen Menschenbild her empfiehlt es sich, vor dem Festlegen von Zielrichtungen Folgendes zu fragen: Welche Chancen könnten sich in diesem Problem verbergen? Die Beantwortung dieser Frage ist meist ein Suchprozess, der in manchen Situationen auch die Einbindung anderer Betroffener benötigt. Durch das Finden von Chancen verändern sich meist die Ziele der Problembearbeitung und die Aufarbeitung bekommt einen neuen Energieschwung, weil eben schöpferische Werte deutlich im Spiel sind. Und diese fördern die Motivation für die Problembearbeitung.

Von den Jesuiten habe ich gelernt, in Entscheidungsprozessen den Chancen einen größeren Stellenwert zu geben: Wenn die Alternativen feststehen, werden üblicherweise zu all den möglichen Varianten Vor- und Nachteile gesammelt. Stattdessen sollten zu den einzelnen Varianten vorerst nur Chancen gesammelt werden und in einem ersten Durchgang diese Varianten nur nach den genannten Chancen bewertet werden. In Gruppenentscheidungsprozessen braucht es eine besonders straffe Moderation, um dem Bedürfnis, sofort mögliche Nachteile und Probleme zu den einzelnen Alternativen zu nennen und damit manche Alternativen für indiskutabel zu erklären, entgegenzuwirken. Erst nach dieser Erstbewertung nur nach dem Kriterium „Chancen" werden mögliche Probleme bei den einzelnen Varianten genannt. Wenn eine Alternative hohe Chancen mit sich bringt, dann werden die dazugehörigen Probleme zu bearbeiten sein. Es geht um eine kleine Nuance der veränderten Vorgangsweise, die aber deutlich das Spektrum der Möglichkeiten erweitert.

Mit diesen Vorgangsweisen „Chancen in Problemen entdecken" bzw. „Chancen erfassen, bevor Probleme benannt werden" werden folgende Haltungen gestärkt:

- Selbstdistanz zu negativen Emotionen
- Offenheit für Ungeplantes und Zufallendes
- Verhindern von vorschnellen Reaktionen, Agieren aus der Stellungnahme
- Halt und Zuversicht in Situationen der Rückschläge und Schwierigkeiten
- Grundvertrauen in das Gute, wenn diese Vorgangsweisen sich des Öfteren bewährt haben

6.2.4 Mit Interesse auf Menschen zugehen

Dieser Zugang ist zentral, weil Spiritualität auch als ein Ereignis zu verstehen ist, das gerade im zwischenmenschlichen Kontext passiert. In den Beziehungen wird nicht nur der Geist sichtbar, aus dem man selbst leben will. Gerade im Dialog und in Auseinandersetzungen miteinander wird der Geist des guten Lebens wirksam. Das interessierte Zugehen auf Menschen kann unterschiedliche Facetten haben, z. B.: Positives an Mitmenschen wahrnehmen, ansprechen und verstärken – egal ob Mitarbeitende, Vorgesetzte, Partnerinnen und Partner; mit einer gewissen Neugierde Potenziale suchen, heben und fördern; verstehen wollen, warum sie die Situation anders bewerten als ich selbst; die Freude mit ihnen teilen, wenn ein positiver Beitrag oder ein offensichtlicher Erfolg gelungen ist. Selbst bei Menschen, zu denen man nicht so einen guten Draht hat oder mit denen man sich schwertut, kann dieses Suchen mit Interesse nach ihren Stärken und Potenzialen hilfreich sein. Es ist auch ein Zeichen von Souveränität im Umgang mit Menschen, durch die neue Türen geöffnet und neue Möglichkeiten wirksam werden können.

Erfahrungen mit diesem Zugang zu Menschen können folgende Haltungen stärken:

- Das Vertrauen in Menschen und das Zutrauen in sie wächst.
- Die Achtung vor Menschen wird konkret gelebt und erlebt.
- Es entsteht ein tragendes Beziehungsnetzwerk, wodurch das Grundvertrauen in das Leben gestärkt wird.

6.2.5 Einfache Ja-Übung mit Gefühlsdifferenzierung

Diese Übung zielt darauf ab, auf die „innere Wahrheitsstimme" vertrauen zu lernen. Letztlich gibt es ja unterschiedliche Qualitäten von Zustimmungen, die sich auch unterschiedlich anfühlen. Ein „Na ja" fühlt sich anders an als ein trotziges „Ja" oder ein „Ja", mit dem ich es anderen recht machen möchte, oder ein „Ja, mir bleibt ja nichts anderes übrig". Eine übermütige Zustimmung wirkt auf mich anders als eine Zustimmung mit klarer Gewissheit. Um diese Stimmungen und Gefühle in mir differenzieren zu lernen, sollte man sich fragen, wo im Körper ich dieses Gefühl spüre. Macht es in mir Druck, etwas tun zu müssen oder spüre ich eine Leichtigkeit? Spüre ich in Magen- oder Brustgegend ein freudiges Brennen oder eher ein Zusammenziehen der Muskeln? Es geht darum, die „innere Wahrheitsstimme", also jene Zustimmung in mir, die mich auf die Spur des Lebens leitet, mit ihren Begleittönen und Emotionen kennenzulernen. Meist sind es Emotionen von Zuversicht, Vorfreude, friedlicher Klarheit und einer Gewissheit, dass es gut wird. Die Übung bezieht sich vorerst auf Entscheidungen von „Nebenschauplätzen" des Lebens, also auf Situationen, wo es um nicht viel geht, z. B. entscheiden, was ich am Wochenende tun möchte.

Zuerst werden verschiedene Möglichkeiten entwickelt, wofür man sich entscheiden könnte, und diese Möglichkeiten dahingehend betrachtet, was vom Verstand her vernünftig wäre. Im zweiten Schritt geht es darum, die einzelnen Varianten einmal „hypothetisch durchzuleben", d.h. sich sehr konkret und mit Details vorzustellen, diese Variante umzusetzen. Dabei soll gut auf sich selbst geachtet werden, welche Resonanz bzw. Stimmung und Gefühle diese Vorstellungen auslösen. Danach entscheidet man sich einfach für die Alternative, die von einer zuversichtlichen und freudigen Zustimmung getragen wird. Nach dem Treffen der Entscheidung sollte man nochmals kurz verweilen, um zu erspüren: Wie fühlt sich diese Entscheidung an? Wie wirkt sich diese Entscheidung auf meine Stimmung und Emotionen aus und wo im Körper erlebe ich die emotionale Resonanz?

Wofür man sich entschieden hat, soll man auch umsetzen und dann das Erlebte nochmals in den Blick nehmen: Was hat diese Entscheidung bewirkt? Hat es sich gelohnt, der inneren Wahrheitsstimme zu folgen und die getroffene Entscheidung auch umzusetzen?

Damit übt man, auch in wesentlichen Situationen, sowohl mit den verstandesmäßigen Argumenten als auch mit der inneren Wahrheitsstimme Entscheidungen zu treffen. Letztlich geht es darum, die persönlichen schöpferischen Wertvorstellungen in Entscheidungen einzubinden. Folgende Haltungen werden mit dieser Übung eingeübt:

- einen wachsamen Kontakt zu mir selbst halten,
- in Entscheidungen schöpferische Werte suchen und erspüren,
- was ich als richtig und gut erkannt habe (innere Stellungnahme), auch mit Freuden tun (äußere Stellungnahme),
- die „innere Wahrheitsstimme" von anderen inneren Regungen unterscheiden lernen und
- so dem eigenen „Suchorgan nach dem Guten" vertrauen.

6.3 Mehrwert einer christlichen Spiritualität für eine Führungskultur

Angenommen: Einem Unternehmen gelingt eine weitreichende Umsetzung der Kultur, die die Eigenverantwortlichkeit von Mitarbeitenden stärkt (s. Tabelle: Vier Aspekte einer Führungskultur, Kap. 4), dann profitieren die Mitarbeitenden, die Führungskräfte und das gesamte Unternehmen davon. Was aber ist der Mehrwert von einer Führungs- und Unternehmenskultur, die von einer christlichen Spiritualität getragen ist? Mögliche Eckpunkte eines Mehrwerts könnten sein:

Starkes Grundvertrauen: Die Führungskräfte haben nicht nur ein hohes Selbstvertrauen, sondern ebenso ein Vertrauen in das Leben, in die Kraft des Guten und/oder in den Rückenwind Gottes. Das realistische Analysieren von Erfolgen zeigt, wie viel einem bei Erfolgen durch Glück, Zufall, durch das Gute im Leben oder durch göttliche Fügung in den Schoß fällt. Die aufmerksame Rückschau, was geschehen ist, stärkt das Vertrauen in die Zukunft und die Hoffnung selbst in aussichtslosen Situationen. Vertrauen und Hoffnung in schwierigen Situationen entlasten. Sie machen den Kopf frei für ein offenes Hinhören und ein kreatives Suchen nach sinnvollen Wegen. Martin Werlen formuliert dies in seinem Buch pointiert: „Wer Hoffnung hat, muss nicht mit größtem Eifer fünf vor zwölf noch alles retten, was zu retten ist. Es darf auch fünf nach zwölf sein. Diese Weite macht neue Wege möglich."[53]

Aktualisierte Wertebibliothek: Die routinemäßigen Unterbrechungen und das Pflegen der Werte-Quellen ermöglichen das jeweilig neue Reflektieren, welche schöpferischen Werte in der konkreten Situation Priorität bekommen

---

53 Werlen 2018, S. 172. Martin Werlen, ein ehemaliger Abt von Einsiedeln, skizziert in seinem Buch „Zu spät" die unterschiedlichen Einstellungen von „Es ist fünf vor zwölf" und „Es ist fünf nach zwölf". Er kritisiert, dass in der aktuellen Kirchensituation viele Christen glauben, dass es fünf vor zwölf Uhr ist, und deshalb einen übereifrigen Aktivismus entwickeln. Egal, ob konservativ oder progressiv, sie wollen retten, was zu retten ist. Wer aber damit rechnet, dass es fünf nach 12 Uhr und damit auch zu spät ist, braucht keine Überaktivitäten mehr. Sondern kann „nur" noch alles in die Hände Gottes legen und hellhörig hinschauen, was jetzt sinnvoll zu tun ist und wohin ihn die Spur des Guten führt. Diese Hoffnung und das Vertrauen in Gott machen weit, während der hektische Aktivismus blind für die göttlichen Lebensspuren macht und letztlich zu einem Stillstand führt (ebd., S. 165). „Für den Glaubenden ist es nie zu spät, auch wenn es zu spät ist. Die Hoffnung trägt durch alles" (ebd., S. 181).

sollten. Durch die offenen Dialoge werden Erstarrungen in den Wertevorstellungen verunmöglicht und im Wertesuchprozess kommt frischer Wind in die eigenen Wertevorstellungen.

Solide Verankerung der Wertevorstellung: Wer die eigenen Werte-Quellen für sein Verständnis von Human-Sein pflegt, der wird auch klare Standpunkte vertreten können. Das ist vor allem dann wichtig, wenn Stimmungsmacher einen kräftigen Gegenwind erzeugen oder wenn wegen zeitweiser Problemsituationen wie Personalmangel, Pandemien oder wirtschaftlicher Krisen manche Wertevorstellungen hintangestellt werden müssen. Aufgrund der spirituellen Verankerung bleibt die Treue zu den Werten und kann jeder Zeit, wenn sich die Lage verändert hat, wieder aufgegriffen werden.

Routinierte Selbstdistanz: In Entscheidungsprozessen braucht es eine gute Distanz zu den eigenen Emotionen, Handlungsimpulsen und zu den druckmachenden Einflüsterungen von außen. Es braucht aber auch den Dialog. Wie in einem Selbstgespräch erweitert sich der Denkhorizont eines Menschen, wenn er sich in der Stille der Kraft des Lebens zuwendet bzw. als gläubiger Mensch Gott um seine Sichtweise bittet, z. B.: „Zeige mir, was sich in mir abspielt! Zeige mir, worum es in dieser Situation vorrangig gehen sollte? Zeige mit Wege, wie ich dieses Anliegen in die Umsetzung bekomme! Gib mir deinen Rückenwind!“

Konstruktiver Umgang mit persönlichen Stärken und Defiziten: Wer sich als ein (von Gott) geliebter Mensch versteht, der auch immer wieder erfährt, dass das Leben bzw. Gott es mit ihm weiterhin gut meint, auch wenn er einmal versagt oder ein schäbiges Verhalten an den Tag gelegt hat, der wird mit Selbstachtung mit den eigenen Potenzialen und in konstruktiver Weise mit den eigenen Schwächen und mit Kritik umgehen. Das hat positive Auswirkungen in der Zusammenarbeit mit Kolleginnen, Kollegen und Mitarbeitenden.

Langer Atem bei Rückschlägen: Wenn jemandem etwas sehr wichtig ist, dann muss er auch mit Rückschlägen rechnen. Wer auf die Kraft des Guten oder eine göttliche Lebenskraft vertraut, der weiß darum, dass das, was heute nicht möglich ist, morgen in einer anderen Weise möglich sein wird. Eine so vertrauende Person liegt – bildlich gesprochen – auf der Lauer, um es nicht zu übersehen, wenn eine unerwartete Tür aufgeht oder sich eine neue Chance für die eigenen Anliegen eröffnet.

7 Strukturelle Verankerung der Werte- und Kulturarbeit

Die Punkte „Kulturarbeit“ und „Mehrwert Spiritualität“ könnten als Themen, die nur die Einzelperson betreffen, missverstanden werden. Beides sind aber in Unternehmen organisationale Themen, die eine strukturelle Verankerung in der Organisation benötigen. So kann eine Führungs- und Unternehmenskultur personenunabhängig am Leben gehalten und vertieft werden. Selbst bei der Spiritualität für eine Führungskultur, die zwar eine sehr persönliche Angelegenheit ist, können organisierte Vorgänge Führungskräfte zu einfachen Erfahrungen mit spirituellen Haltungen und Ansätzen hinführen. Aber wer entwickelt und organisiert diese Programme und wer sorgt dafür, dass sie im Alltag platziert werden? Sehr geschätzt habe ich, dass in der Werte- und Kulturarbeit der Vinzenz Gruppe stets zuerst die Strukturen entschieden und dann die geeigneten Personen dazu gesucht wurden. Mit diesen begann man dann die inhaltliche Arbeit.

Wenn die Kulturarbeit tatsächlich einen hohen strategischen Stellenwert hat, dann muss die Letztverantwortung bei der Geschäftsleitung eines Unternehmens bleiben. Sie sollte dafür Strukturen schaffen, damit das Thema laufend bearbeitet und nicht nur der Tagesordnungspunkt 10 in einer langen Agenda einer Geschäftsleitungssitzung wird. Aber wie sollten die Verantwortlichkeiten in einem Organigramm verankert sein?

7.1 Kriterien für eine sinnvolle Struktur

Die Zuordnung von Verantwortlichkeiten zu Stellen und Gremien ist dann eine gute, wenn Folgendes zutrifft:

Eine systematische Weiterentwicklung der Werte-Arbeit wird ermöglicht – unabhängig von einzelnen charismatischen Persönlichkeiten.
Es gibt begabte Führungskräfte, die für ein Thema mit ihrem Engagement Beachtenswertes aufbauen. Wenn sie aber abtreten – aus welchem Grund auch immer – bricht all das Aufgebaute zusammen. So braucht es eine Struktur, die die Themen „Führungskultur" und „Unternehmenskultur" – personenunabhängig – am Köcheln hält.

Es werden Räume geschaffen, in denen die Werte- und Kulturthemen – trotz allem akuten wirtschaftlichen und zeitlichen Druck – entfaltet, geplant und umgesetzt werden.
Wenn es stimmt, dass eine gute Kulturarbeit die motivierende Basisarbeit und die orientierungsgebende Quelle für das alltägliche Arbeiten ist, dann ist diese Kultur umso wichtiger, wenn der Leistungsdruck hoch und die Ressourcen knapp sind. Dann braucht es Räume wir Jour fixes oder Klausuren und verantwortliche Stellen, die die aktuelle Situation analysieren und Schwerpunktthemen vorantreiben.

Die Strukturen bieten Schnittstellen zwischen den Vorgaben der Führungskräfte und Anliegen der (Basis-)Mitarbeitenden.
Mitarbeitende brauchen Anlaufstellen, um ihre Anliegen und Ideen einbringen zu können. Ebenso müssen die obersten Führungskräfte in den Meinungsbildungsprozessen eingebunden sein, um ihre Anliegen voranzubringen und sich mit den entstehenden Entwicklungen zu identifizieren.

Es gibt für das Management und für die Mitarbeitenden inspirierende Zellen.
Das Management steht vor einer Vielfalt von Herausforderungen. Es braucht daher Stellen oder Arbeitsgruppen, die das Management mit Ideen und Anliegen der Werte- und Kulturarbeit versorgen. Andererseits braucht auch das Management einen Ort, um seine Kulturthemen zu platzieren und mit den zuständigen Verantwortlichen zu konkretisieren

Alle Führungskräfte haben für ihren Verantwortungsbereich Kulturverantwortung.
So wie sie für die Qualität der Arbeit, für das Personal und für die Finanzen in ihrem Bereich verantwortlich sind, haben sie auch Verantwortung dafür, dass ihre Mitarbeitenden sich um werteorientierte Arbeitsweise bemühen. Dies

müsste sich in Zielvereinbarungen zwischen der Führungskraft und ihrer vorgesetzten Stelle spiegeln, d.h. es müsste zumindest auch ein Ziel vereinbart werden, woran die Führungskraft arbeitet, um die Werte- und Kulturarbeit zu stärken und zu vertiefen.

7.2 Diverse Modelle und Beispiele

Neben der Verantwortung der Führungskräfte kann es je nach Größe des Unternehmens unterschiedliche Funktionen geben:

Zentrale Stabsstelle für Werte- und Kulturarbeit: Sie arbeitet einerseits inspirierend und beratend der Geschäftsleitung zu. Andererseits leitet sie Projekte im Auftrag der Geschäftsführung für die gesamte Gruppe und übernimmt bei beschlossenen Umsetzungsvorhaben Leitungsfunktion.

Werteverantwortlicher als Teil der Hausleitung: In der Vinzenz Gruppe wird diese Funktion „Wertevorstand" genannt. Das Leitungsteam der Krankenhäuser hat neben einer Geschäftsführung, einer ärztlichen Direktion und Pflegedirektion einen Wertevorstand als vollwertiges Mitglied der Krankenhausleitung. In manchen Häusern gibt es diese Funktion in Personalunion mit der ärztlichen Direktion oder der Pflegedirektion. Der Wertevorstand ist gemeinsam mit der Geschäftsführung für die Entwicklung und Umsetzung der Wertekonzepte im Haus verantwortlich.

Wertegruppen in den Einrichtungen: Mitarbeitende verschiedenster Professionen und Hierarchieebenen bilden diese Arbeitsgruppe. Geschäftsführung und Wertevorstand sind Teil dieser Gruppe bzw. leiten diese. Damit ist auch die Geschäftsführung in den Meinungsbildungsprozessen eingebunden. Diese Gruppe ist auch Anlaufstelle für Ideen und Anregungen der Mitarbeitenden der Einrichtung.

Werteworkshops des Führungsteams: Kulinario, eine Catering-Firma,[54] steuert die eigene Werte- und Kulturarbeit in sogenannten „Werteworkshops". Die ganztägigen Workshops finden einmal im Halbjahr statt, die wichtigsten Führungskräfte und Stabsstellen (insgesamt ca. zwölf Personen) sind fixe Teilnehmende dieser Werteworkshops. Die Moderation übernimmt eine externe Person, die Kompetenzen für Werte- und Kulturarbeit einbringt.

---

54 Näheres zu dieser Firma: www.kulinario.at.

Wertebeirat: In der Vinzenz Gruppe steuern der Geschäftsführer der Vinzenz Gruppe, die Wertevorstände der einzelnen Einrichtungen und die zentrale Stabsstelle gemeinsam die Entwicklungen der Werte- und Kulturarbeit mit diesem Beirat. Letztverantwortlich ist der Geschäftsführer, der dem Stiftungsrat nicht nur über die strategischen und wirtschaftlichen Entwicklungen, sondern auch über die aktuellen Entwicklungen des Wertemanagements zu berichten hat. Der Beirat ist somit sein Unterstützungsorgan, in dem gegenseitige Inspiration und gemeinsame Such- und Planungsprozesse geschehen.

Einrichtungsübergreifende Projektgruppen: Wie alle Führungskräfte hatten auch die Stabsstellen und die Leitungen der Support-Abteilungen für ihren Bereich Werteverantwortung. So gibt es in diversen Projektgruppen je nach Wertethema Zusammenarbeit mit anderen Kompetenzbereichen wie z. B. Öffentlichkeitsarbeit, Personalentwicklung oder Qualitätsmanagement.

Schwungrad der Salvatorianischen Spiritualität: Das bereits erwähnte Pflegeheim in Eigentümerschaft der Salvatorianerinnen hatte vor einiger Zeit eine Gruppe von Mitarbeiterinnen und der Geschäftsführerin ins Leben gerufen, die sich in der ersten Phase mit einer Ordensfrau mit der Spiritualität des Ordens auseinandersetzte. Auf Basis dieser Erfahrungen plant diese Gruppe immer wieder Maßnahmen, Aktionen und Feste für ihre Kolleginnen und Kollegen, um die Salvatorianischen Werte zu vermitteln. Die Bezeichnung „Schwungrad“ drückt aus, dass die bereits vorhandene gelebte Kultur verstärkt und mit neuen Impulsen in Schwung gehalten werden soll. Darüber hinaus gibt es für die Führungskräfte mindestens jährlich einmal Werte-Weiterbildungstage.

7.3 Die Notwendigkeit von Strukturen für eine Führungskultur

Zusammenfassend möchte ich auf Folgendes hinweisen: Führungskräfte sind für Werte- und Kulturarbeit Schlüsselkräfte. Sowohl die Implementierung einer intendierten Führungskultur als auch deren Weiterentwicklung brauchen Strukturen zur Steuerung, bei der die Geschäftsleitung tragend mitwirkt. Oft passiert es, dass bei der Einführung einer intendierten Kultur alle Führungskräfte gut eingebunden wurden, dass aber durch Personalveränderungen neue Führungskräfte oder durch veränderte Situationen die intendierte Kultur nicht mehr im Bewusstsein der handelnden Personen ist. Wer eine intendierte Führungskultur entwickeln, implementieren, am Leben erhalten und an veränderte Situationen anpassen will, sollte auf wirksame Strukturen zurückgreifen können. Sie werden gebraucht, um die inhaltliche

Ausrichtung dieser Führungskultur entwickeln und ein aktuelles Commitment auf breiter Basis herstellen zu können. In der Umsetzung einer bereits definierten Führungskultur haben natürlich die jeweiligen Führungskräfte der Führungskräfte eine wichtige Funktion. Womit wieder die Bedeutung von Top-down-Prozessen gerade bei der Führungskultur deutlich wird.

8 Ein spezielles Thema: Der spirituelle Reifungsprozess und Führungskultur

Wer immer beim Lesen dieses komplexen Kapitels aussteigen sollte, dem kann ich nicht böse sein. Mich fasziniert aber das konkrete Phänomen, dem ich in Organisationsprozessen und in Einzelcoachings begegnet bin und das ich von mir selbst kenne: Wer die existenziellen Grundmotivationen (s. „Personale Voraussetzungen" in Kap. 4) gut entfaltet hat und so mit einem gesunden Fundament seinen Alltag gestaltet, der wird früher oder später eine Krise erleben. Das Entscheidende bei diesen Erfahrungen aber ist, dass diese Krise kein Rückschritt, sondern ein Zeichen des fortschreitenden Reifungsprozesses ist. Die Dynamik des Reifens, die ich im Folgenden beschreiben möchte, hat vordergründig eine rein psychologische Seite. Letztlich geht es aber um spirituelle Erfahrungen und es ist dann nicht nur ein individuelles, sondern auch ein organisationales Thema, wenn einem Unternehmen Wertehaltungen ein Anliegen sind. Allen Leserinnen und Lesern empfehle ich auch hier laufend zu überprüfen, ob die hier beschriebenen Phänomene mit den eigenen Erfahrungen übereinstimmen. Wie die Phänomene nun gedeutet werden, ist wiederum Sache der persönlichen Weltanschauung. Im Folgenden wird aber die Deutung auch aus dem christlichen Glauben dazugestellt. Diese Sichtweise der Dynamik, die den psychisch gesunden Menschen in die Krise und damit durch die Krise zu einer größeren Reife führt, stammt aus der Spiritualität des Ignatius von Loyola, des Gründers des Jesuitenordens. Spannend habe ich die Relevanz dieser Phänomene und deren Deutung für Führungskräfte in Umbruchsituationen erlebt.[55]

---

55 Auf ausführliche Praxisbeispiele zu diesem Reifungsprozess in Organisationen wird hier verwiesen auf Kinast 2016. In diesem Artikel wurde auf eine spirituelle Deutung verzichtet.

So werde ich diesen Reifungsprozess zuerst theoretisch skizzieren. Dabei steht die individuelle Person im Vordergrund. In einem weiteren Schritt wird anhand von einfachen Beispielen die Relevanz für Führungskräfte im organisationalen Kontext aufgezeigt. Für Interessierte wird als Abschluss der Hintergrund des Ignatius kurz dargestellt.

8.1 Dem Fundament folgt die Krise

Das Ziel einer jeden psychotherapeutischen Begleitung oder eines existenziellen Coachings ist es, dass ein Mensch mit innerer Zustimmung lebt und sein Leben gestaltet. Eine reife Persönlichkeit ist eben jene, die – wie in der Abbildung 6 „Das Fundament und verantwortetes Handeln" im Kapitel 4 dargestellt ist – mit einem guten Fundament lebt und mit dem Leben im gestaltenden Dialog steht. Dass eine Person aus einer persönlichen Stellungnahme heraus dem Leben antworten kann, ist möglich, wenn sie:

- statt Angst und Unsicherheit Halt erfährt und sich selbst Halt geben kann,
- statt Lustlosigkeit zu erfahren von lebenswerten Begegnungen und Erlebnissen berührt wird und sich für Lebenswertes engagiert,
- statt Abwertung Beachtung und Förderung erlebt und sich aktiv mit dem eigenen Anderssein gerne einbringt und
- statt dem Erleben von Sinnleere das situativ Sinnvolle findet und auch tut.

Der reife und ausgewogene Mensch tut selbst aktiv einiges für sein Fundament. Er lässt aber auch passiv das Positive, das einfach ohne sein Zutun geschieht, zu und nimmt es aktiv auf. Wem das gelingt, der hat bereits einen Weg der Reifung und der Lebenserfahrung hinter sich. Aber da fehlt noch etwas zu einer tragfähigen Reife.

Im Fundament liegt nun eine Dynamik, die sich etwa in folgender Weise zeigt: Wenn Menschen sich eine gesunde Persönlichkeit erarbeitet haben, passiert es sehr oft, dass sie nach einigen Monaten durch irgendeinen Auslöser total irritiert sind, weil ihr bisheriges Fundament – scheinbar – einbricht. Es entsteht eine Krise, die sie selbst überrascht. Betroffen kommentieren sie diesen Verlust mit Worten wie z. B.: „Ich erlebe einen Rückfall. Ich stehe da, wo ich vor Jahren stand!" Diese Irritationen können mit unterschiedlichem Inhalt und unterschiedlichen Intensitäten erlebt werden. „Sie reichen in der 1. Grundmotivation von der Befürchtung, in einem konkreten Projekt zu versagen, bis zur tiefsten Existenzangst, in irgendeiner Form vernichtet zu werden. Sie beginnen in der 2. Grundmotivation mit einem lustlosen Erleben des Alltags und können bis zur depressiven Verstimmung führen, in der die Person nichts mehr berührt. Das in der 3. Grundmotivation irritierte Ich zweifelt an den eigenen Kompetenzen in einem konkreten Vorhaben oder kann auch über das eigene miese Verhalten oder die schuldhaften Verfehlungen zutiefst betroffen sein. In der 4. Grundmotivation kann die Irritation in der mutlosen Resignation bestehen, weil ein Ziel nicht mehr erreicht wird, oder in der komplexen Ratlosigkeit und sinnlosen Perspektivenlosigkeit."[56] Statt der stärkenden Grundmotivationen wird genau das Gegenteil, der Kontrast dazu, erlebt (s. folgende Tabelle: „Irritiertes Ich – Kontrasterleben").

	Gesundes Ich (Fundament durch Grundmotivationen)		Irritiertes Ich (Kontrasterleben)
	Passive Seite	**Aktive Seite**	
1. GM: Halt und Raum haben	Mir wird Raum und Schutz gegeben.	Ich verschaffe mir Raum und schütze mich.	Angst Ich werde versagen. Das ist mein Ende!
2. GM: Leben als Grundwert erfahren	Ich werde von Wertvollem ergriffen und inspiriert.	Ich suche und engagiere mich für das Lebenswerte.	Dunkelheit Der Alltag ist lustlos. Die Sonne berührt mich nicht mehr.
3. GM: Mit Selbstwert handeln	Ich werde geschätzt und geliebt, andere fördern und fordern mich.	Ich stehe zu mir, wie ich bin, und bringe mich gerne mit meinem Anderssein ein.	Selbstentwertung Ich bin zu gering. Ich bin über mich selbst entsetzt!
4. GM: Der Situation Sinn geben	Lösungen fallen mir zu und ziehen mein Engagement magnetisch an.	Ich engagiere mich für das subjektiv und situativ Sinnvolle.	Perspektivenlosigkeit Ich erreiche das Gewollte nicht! Ich weiß nicht mehr weiter.

Tabelle 3: Überblick „Gesundes Ich und Irritiertes Ich"

Dieser subjektiv erlebte Rückfall ist aber bei näherem Hinsehen ein Zeichen eines fortschreitenden Reifungsprozesses. Mit einem Vergleich möchte ich verständlich machen, wie die Dynamik „Die Krise folgt dem Fundament" zu erklären ist und wie diese Irritationen zu deuten sind: Beim Bergsteigen gibt es immer wieder Gelegenheiten, faszinierende Einblicke in Schluchten und Täler zu bekommen. Je spektakulärer die Schluchten sind, desto schwieriger kann es sein, einen guten Einblick zu bekommen. Oft weiß man: Einen Schritt nach vorne, dann hätte ich den idealen Blick auf das tolle Schauspiel der Natur. Nur: Wenn der eine Schritt bedeutet, auf unsicheren, abschüssigen

56 Kinast 2016, S. 127.

und sogar rutschigen Grund zu steigen, werde ich den Blick in die Tiefe nicht riskieren. Anders ist es: Wenn ein Felsenfundament einen sicheren Stand gewährleistet, sogar ein Geländer meinen Stand absichert, dann bin ich bereit, den Schritt nach vorn zu wagen, um in die Tiefe zu blicken.

In den psychologischen und spirituellen Vorgängen spielt es sich sehr ähnlich ab: Hat jemand ein gutes Fundament gelegt und erfährt so einen Stand, der ihn hält und trägt, dann steigt die Bereitschaft, in die Abgründe des eigenen Lebens und des Umfelds zu blicken und sich auf diese einzulassen. Noch dazu: Der Mensch hat ja durch die bisherigen Übungen wie z. B. „Die wichtigste Viertelstunde“ die Haltung eingeübt, sich vom Leben berühren zu lassen und feinfühlig das Erlebte wahrzunehmen! Dadurch wurde er auch für Schmerzhaftes oder gar Erschütterndes empfindsamer. Damit wird die von Ignatius beschriebene geistliche Dynamik verständlich: Ist das Fundament einmal gelegt, dann kann man damit rechnen, dass einen früher oder später die tiefe Betroffenheit der unheilen und zerstörerischen Seiten des Lebens beschäftigen wird. Das hat ja seine Psycho-Logik. Und solche Krisen am Boden eines tragfähigen Fundamentes können heilsamen Charakter in sich haben – auch wenn in der Krise selbst der Eindruck entsteht, es gibt nichts Tragendes mehr.

8.2 Sich der Betroffenheit durch Unheilserfahrungen stellen

Alex Lefrank, Jesuit und ein guter Ignatius-Kenner, arbeitet vier typische Unheilserfahrungen heraus, die nach seiner Erfahrung Betroffenheit auslösen. Wobei diese nicht nebeneinander stehen, sondern miteinander verknüpft sind und ineinander greifen:[57]

- Verletzungen aus dem Zusammenleben und -arbeiten: Die betroffene Person ist selbst Opfer des Verhaltens anderer.
- Unglücksfälle, Krankheiten, Naturkatastrophen, Schicksalsschläge: Die Person ist betroffen von Ereignissen, für die kein Mensch verantwortlich gemacht werden kann.
- Unheilvolle gesellschaftliche Entwicklungen: Damit sind soziale Not, ungerechte Strukturen, Kriege etc. gemeint. Sie oder nahestehende Menschen sind in leidvolle Zusammenhänge verstrickt, sodass sie evtl. sogar als Opfer „gezwungenermaßen“ selbst zu Tätern werden.

---

57 Vgl. Lefrank 2009, S. 101 f.

- Eigene Fehler, Versäumnisse und schädigendes Verhalten: Die Person ist selbst Täter und diese Erfahrung, selbst Unheil zu bewirken, erschüttert – noch dazu, wo man doch hoffnungsvoll und begeistert das Umfeld gestaltend ins Leben aufgebrochen ist!

Jeder Mensch hat seine eigene Biographie, die ihn prägt und manchmal auch ein Leben lang beschäftigt. Die Krise kann laut Lefrank wie ein Keller sein, in den man hinabsteigt und altes, unaufgearbeitetes und belastendes Gerümpel findet. Ruhe kehrt erst wieder ein, wenn vieles von dem Unversöhnten und den Verstrickungen aufgearbeitet ist. Dabei geht es um das Zulassen von unangenehmen Wahrheiten, um die affektive Auseinandersetzung mit Ängsten, Verletzungen, Unsicherheiten, Bedrohungen und das Aufbrechen von scheinbaren Sicherheiten. Das Zulassen der Schattenseiten meines Lebens und der Welt um mich wird erst durch das gelebte Fundament möglich und kann emotionale Dunkelheit und Schmerz bedeuten.

Diese Betroffenheit hat vorerst ihre nachvollziehbare Psycho-Logik. In manchen Situationen beginnt aber hier die spirituelle Dimension: das Aushalten der Betroffenheit und das Ringen um das Vertrauen in das Gute bzw. das Göttliche im Leben ohne sie vorschnell durch rationales Relativieren oder durch einen gesteigerten Aktivismus zu verdrängen.

Die Schwierigkeit kann darin liegen: Wer aufgrund seines Fundaments zur Hoffnung entschlossen ist, vertraut vor allem dem eigenen guten Willen und den eigenen guten Absichten. Beseelt von diesen Erfahrungen des Fundaments und enttäuscht, dass das Fundament scheinbar doch nicht hält, weil die passive Seite des grundmotivationalen Erlebens auslässt, neigen wir dazu, auf den altbewährten Aktivismus zurückzugreifen. In vielen Funktionen ist es ja unsere Aufgabe, Lösungen aktiv herbeizuführen. Der „frisch im Geist Gottes eingetauchte Mensch" ist meist noch nicht offen für die Erfahrung, dass die entscheidenden Lösungen und Wege eine Mischung aus eigenem Tun und (!) nicht geplantem Zuspielen sind, also durch Geschenke des Lebens passieren. „Es ist paradox: Das größte Hindernis für die wirkliche Bekehrung scheint nicht zu sein, was wir als ‚schlecht' erkennen – nein, der größte Widerstand ist gerade dort zu erwarten, wo wir uns um ‚das Gute' bemühen."[58]

Die irritierende Krise kann so zum Scheideweg werden: Verharmlose ich z. B. meine Schuld (für gläubige Menschen ist dies ein gängiger Weg: Gott ist barmherzig, also ist mir schon vergeben) oder akzeptiere ich sie mit aller Tragweite? Verzweifle ich, denn jetzt ist alles verloren, oder habe ich Vertrauen in das Gute im Leben, in die positiven Kräfte der Welt und in Gott? Verlasse

58 Lefrank 2009, S. 105.

ich resigniert den spirituellen Weg, denn er hält – so der primäre Eindruck – ja nicht, was ich erhofft habe, oder finde ich einen tiefen Zugang zu einer „höheren Kraft“ – wie immer ich sie bezeichne? Eine externe Begleitung oder ein kollegialer Austausch kann eine stützende Hilfestellung sein.

8.3 Eine neue Qualität des Fundaments geschehen lassen

Blicken wir in unseren Bekanntenkreis. Vermutlich kennt jede und jeder krisengeschüttelte Personen, die in dieser Krise nicht verbittert sind, sondern trotz allem gelassen in sich ruhen, sich am Leben erfreuen und selbstbewusst ihre Umgebung mit wertvollen Beiträgen bereichern. Wie entsteht so ein tragendes Fundament? Vermutlich ist ihnen in einem durchaus schmerzhaften Prozess der tragende Boden zu einem unerwarteten Zeitpunkt „passiert“. Das hat etwas mit Geschehen-Lassen bzw. Wachsen-Lassen zu tun, das ist nicht machbar. Dazu braucht es das Durchhalten des Vertrauens – trotz allem! – und das Offensein für das Heilvolle, das einfach unerwartet geschehen kann.

Dazu möchte ich anhand von konkreten Erfahrungen – vereinfacht dargestellt – diese inneren Umwandlungsprozesse erläutern und gleichzeitig auf die unternehmerische Relevanz hinweisen.[59]

8.3.1 Trotz Ängsten sich öffnen

Keine Führungskraft gesteht sich ein, Angst zu haben. Und doch können vom Verhalten Befürchtungen abgelesen werden. Das folgende Beispiel dreht sich um ein Managementteam einer komplexen Organisation, das wegen der anstehenden Herausforderungen durch einen Selbstfindungsprozess gegangen ist, bei dem seine zukünftige Rolle im gesamten System neu definiert und die Kultur der Entscheidungsfindung und des Umgangs miteinander neu erarbeitet wurde. Dieser Prozess hat eine Offenheit untereinander sowie Sicherheit dem Einzelnen im Team vermittelt. In der Sprache dieses Buches könnte man sagen, dass sie ein organisationales Fundament aufgebaut haben, indem sie unbewusst die vier Kulturaspekte auf ihr eigenes Team anwendeten. Um nun die Existenz der einzelnen Standorte zu sichern, musste das Managementteam ohne Beteiligung der weiteren Führungsebenen relativ rasch strategische Entscheidungen treffen. Die einzelnen Standorte wurden neu positioniert, Abteilungen mussten bei Beibehalt des Personals verlegt

59 Ausführliche Beschreibung von Beispielen dazu finden sich: Kinast 2016, S. 129 ff.

werden und jeder Standort war mit einem Schlag mit massiven Veränderungen konfrontiert. Viele Einzelfragen, wie das funktionieren sollte, waren noch ungeklärt. Der Widerstand war heftig, der Gegenwind der einzelnen Standorte blies kräftig. Die reflexartige Reaktion des Managementteams war ein unbewusster Rückzug: Zuerst die Planungen vorantreiben und erst dann, wenn sie konkrete Schritte präsentieren können, wollten sie die Mitarbeitenden informieren. So entstand für einige Monate ein Informationsvakuum, das die Phantasien der betroffenen Führungskräfte und Mitarbeitenden aufblühen ließen. Diese Kontaktlosigkeit entstand letztlich durch die Angst oder milder ausgedrückt durch die Sorge, der Belegschaft nicht Rede und Antwort stehen und konkrete Bilder für die Umsetzungsprozesse bieten zu können. Die Reife des Managementteams bestand darin, dass sie im Team, mit Coaches und Stabsstellen über die eigene Verunsicherung reden konnten. Die entscheidende Wende entstand durch die Besinnung darauf, dass sie klare Orientierung geben wollten (auch Informationen darüber, was alles nicht geklärt war und worauf sie auch noch keine Antworten hätten) und dass sie mit Interesse die Sorgen und Bedenken der Mitarbeitenden hören wollten. So haben sich die Einzelnen dazu durchgerungen, sich trotz Befürchtungen den Mitarbeitenden in den Abteilungen zu stellen und mit der Offenheit zu sehen, was passieren wird, wenn sie diese Auseinandersetzung führen, trotz der vielen ungeklärten Themen. Das Vertrauen, es wagen zu können, hat trotz Verunsicherung getragen. Entscheidend war aber auch das nicht planbare Erleben: Das Führen der ehrlichen Auseinandersetzungen hat letztlich allen Beteiligten gut getan hat. Die Ängste haben sich nicht bewahrheitet. Die für manche überraschend positive Erfahrung hat das Grundvertrauen im Managementteam erneut gestärkt.

Zur Deutung dieser Geschichte: Das Managementteam hatte sich ein organisationales Fundament gelegt, das den einzelnen und dem Team Sicherheit gegeben hat. Sich der Angst stellen und – gut vorbereitet und doch mit „Bauchweh" – sich den Gesprächen in den Teams auszusetzen, war die eigene Leistung. Die geschenkte Erfahrung war: Ich kann nur das mir Mögliche tun, den Rest muss ich im Vertrauen geschehen lassen. Die Erfahrung, dass die Gespräche hart waren, aber der „Boden" sie getragen hat, war für den weiteren Veränderungsprozess eine wichtige Basis. Halt und Sicherheit waren durch die Befürchtungen vorerst zerbröckelt, aber durch die positive Erfahrung in den Auseinandersetzungen hat das Fundament eine neue Qualität bekommen.

Gesundes Ich bzw. reife Organisationskultur (Fundament)	Irritation (Kontrasterleben)
Ich verschaffe mir Raum und schütze mich.	Angst
Tiefes Grundvertrauen: Ich bin vom Leben gehalten und getragen	

Tabelle 4: In der Angst gewachsenes Grundvertrauen

8.3.2 In der Dunkelheit mit der Sehnsucht nach Lebenswertem leben

Zur Erläuterung eine konkrete Geschichte aus meiner persönlichen Biographie: Als meine Schwester während eines Sommers im Sterben lag und ich sie bis zu ihrem Tod begleiten konnte, kostete es mir viel Substanz und wir mussten den geplanten Urlaub stornieren. Im Herbst darauf erlebte ich in der Arbeit viel Müdigkeit und auffallend viel Lustlosigkeit. Meine Erklärung war: Das ist der Preis für den anstrengenden Sommer, die Jahreserholung fehlt. Dann stimmten mich zwei unerwartete Bemerkungen nachdenklich: Am Ende eines Gesprächs mit meinem Supervisor ließ er bei der Verabschiedung die Bemerkung fallen: „Schau doch nochmals genau hin. Vielleicht klopft da bei dir etwas anderes an!" Die fehlende Erholung konnte ich sogar im Gespräch mit meinem Chef bereits ansprechen, womit ich mir sein Verständnis für meine aktuelle Situation einholen konnte. Tage nach der Supervision meldete mir mein Chef zurück, dass nach seinem Eindruck ich in meiner Arbeit einiges ändern müsste. Er möchte nicht, dass ich nur noch zum Verwalter und Organisator von dem werde, was ich aufgebaut habe. Er braucht meine strategische Kompetenz für die Zukunft. In meiner ersten Reaktion habe ich diese Bemerkung als Abwertung für das, was ich aktuell tue, verstanden. Irgendwann in einem stillen Moment ging mir ein warmes Licht im Kopf und ums Herz auf: Ich mag nicht mehr der organisatorische Verwalter meiner Arbeitsergebnisse sein. Ich möchte wieder verstärkt inhaltlich arbeiten! Trotz fehlender Erholung im Sommer stand mir die Energie unerwarteterweise wieder zur Verfügung. Es folgten Schritte von Umstrukturierungen und Delegationen, um an neuen Themen arbeiten zu können. Seither weiß ich in meinem tiefsten Inneren: Wenn mich wieder einmal die Trostlosigkeit im Griff hat – es wird sicher der Moment kommen, wo mich das Leben aus dem Dunklen rausholt.

Zur Deutung dieser Erfahrung: Die Logik, selbst all das von mir Aufgebaute am Leben erhalten zu müssen, war so klar, dass diese eigenen Ansprüche andere Möglichkeiten gedanklich gar nicht zugelassen haben. Selbst beim ersten Hinweis vom Chef konnte ich an belebende Veränderungen noch nicht glauben. Erst als die tiefe Lustlosigkeit in der Arbeit mich schon sehr quälte, war ich bereit für Veränderung. Dankbar war ich dafür, dass meine Lustlosigkeit im Mitarbeitergespräch Thema sein durfte.

Gesundes Ich (Fundament)	Irritiertes Ich (Kontrasterleben)
Ich suche das Lebenswerte.	Dunkelheit
Dankbare Gewissheit: Das Leben berührt und inspiriert mich!	

Tabelle 5: In der Trostlosigkeit geschenkte Gewissheit über das Lebenswerte

8.3.3 Im Versagen neue Achtung vor sich selbst schenken lassen

Eine diplomierte Pflegekraft arbeitete im Krankenhaus mit viel Engagement. Sie meldete sich in meiner Coachingpraxis, weil ihr ein massiver Fehler passiert war. Sie hatte ein Medikament verwechselt und einer Patientin eine falsche Infusion angehängt. Da es sich um eine harmlose Lösung handelte, gab es keine schädlichen Auswirkungen. Trotzdem: Die Frau war total durcheinander. Sie konnte es nicht fassen, dass ihr als erfahrener Pflegekraft so etwas passieren konnte. Es hätte ja dramatischer ausgehen können. Ihre Irritation war so tief, dass nach einigen Tagen Krankenstand ihre Vorgesetzte die Bezahlung von mehreren Therapiestunden zusagte. In den ersten Gesprächen wurde bald klar, dass die Frau grundsätzlich eine stabile und gesunde Psyche hatte und in einem wertschätzenden Netz von Familie, Freunden und Arbeitsteam eingebettet war. Aber sie hatte sehr hohe Qualitätsansprüche an die Kolleginnen und Kollegen und auch an sich. Als sie nach vier Tagen wieder versuchte zu arbeiten, tat sie es mit folgender behutsamer Haltung: „Guter Gott, schau auf mich! Und ich beobachte nun mich selbst, um zu sehen, wie ich mit meinem Makel umgehen werde und was ich mit meiner Fachlichkeit noch bewirken kann!" Gleich am ersten Tag hatte sie in einer Notsituation für die Kolleginnen wesentliche Hilfestellungen leisten können. Es entstand in ihr eine neue Dimension von Selbstwert: Das Wissen und Zulassen-Können, dass auch sie nicht perfekt ist, führte dazu, dass sie beides bei sich wahrnahm: den „Makel", der lange tief in den Knochen saß, und ihre Kompetenz und Erfahrung, die gerade in Notsituationen weiterhin gefragt und geschätzt waren. Durch die spontanen Feedbacks, die sie erhielt, und die wiederentdeckte „leise" Freude an der Arbeit wuchs in ihr eine Selbstachtung, mit der sie ihre Kompetenz und ihr kooperatives Wesen als Geschenk dankbar annahm.

Diese neue Qualität der Selbstachtung konnte durch die Krise entstehen, weil die Frau davor bereits einen gesunden Selbstwert hatte. Diese Form von dankbarer Selbstachtung ist nicht einfach machbar. Wichtig war das Zulassen der Betroffenheit und das offene Wahrnehmen, was geschieht, aber auch die innere Empfänglichkeit dafür, *wie* sie den Alltag erlebt. Dieser Geschenkcharakter der gewachsenen Selbstachtung veränderte die Einstellung zu sich und zu den Kolleginnen und Kollegen. Solche Erfahrungen lassen erahnen, was „Spiritualität" bedeutet: Mit einem besonderen Geist bzw. einer besonderen Geisteshaltung zu handeln. Es war aber auch ein organisationales Thema: Sowohl ihre vorgesetzte Leitung als auch die Kolleginnen sind mit diesem Fehler und mit ihr als Mensch professionell umgegangen. Die gelebte Fehler- und Feedbackkultur haben diesen Reifeprozess ermöglicht. Das ganze Team ist an diesem Fehler gewachsen.

Gesundes Ich (Fundament)	Irritiertes Ich (Kontrasterleben)
Ich stehe zu mir, wie ich bin, und bringe mich mit meinem Anderssein ein.	Betroffenheit über das eigene Unvermögen
Selbstachtung: Ich ahne Wertvolles in mir!	

Tabelle 6: Nicht machbare „ehrfurchtsvolle" Selbstachtung trotz Versagens

8.3.4 In der Fragwürdigkeit der Perspektiven zur inneren Hellhörigkeit finden

Eine wichtige Aufgabe für Führungskräfte ist es, den eigenen Verantwortungsbereich in die Zukunft zu führen. Es braucht Perspektiven, mit denen die Verantwortlichen den Mitarbeitenden und dem eigenen Unternehmen Sinn geben. Die meisten Entscheidungen sind zukunftsgerichtet. Was tun, wenn sich keine gangbaren Perspektiven eröffnen bzw. keine wirklich guten Alternativen anbieten? Wer schon vor einer Dilemma-Entscheidung gestanden ist, weiß auch, dass Argumente leichter zu finden sind als eine Lösung, die die Zustimmung der inneren Wahrheitsstimme erhält – mit der Gewissheit (nicht Garantie): Das wird gut so!

Vermutlich kennt jede und jeder diese Entscheidungsnot, die emotional ordentlich blockieren kann. Solche Situationen werden als Not erlebt. Alle Künste von kreativen Methoden, von dialogischen Beratungsmöglichkeiten und führungsethischen Diskursen, in denen man auch kleinere Übel als beste Alternative sucht, können keine befriedigende Lösung bringen. Diese Perspektivenlosigkeit fordert einen trotz aller kreativen Aktivitäten geduldigen und langen Atem – bis sich entweder endlich ein neuer Weg eröffnet, der die eigene Zuversicht beflügelt, oder eine Zustimmung für einen Kompromiss gegeben werden kann. Durch diese Not kann sich auch – hier ebenso oft unerwartet – ein klares inneres Ja für eine der Alternativen ergeben.

Die Läuterung des Fundaments durch das Kontrasterleben verändert die Qualität der inneren Zustimmung: Die „innere Wahrheitsstimme" fühlt sich leise und ausgeglichen an und der sogenannte „Trotzdem-Geist", der trotz allem Negativen den Einsatz für das Sinnvolle nicht aufgibt[60], verliert an Verbissenheit und gewinnt an friedlicher Zuversicht. Die Entschlossenheit der inneren Wahrheitsstimme lädt zu einem gründlichen Überlegen statt stürmischem Angehen ein. Das Wollen bekommt einen langen Atem, der mit Rückschlägen rechnet, mit Kreativität nach neuen Möglichkeiten sucht und geduldig nach neuen Chancen Ausschau hält … sich also durch nichts so rasch aus der Bahn werfen lässt.

Gesundes Ich (Fundament)	Irritiertes Ich (Kontrasterleben)
Ich gebe dem Leben engagiert Sinn.	Perspektivenlosigkeit, Perspektivenfragwürdigkeit
Hellhörigkeit für die „innere Wahrheitsstimme mit langem Atem"	

Tabelle 7: Mit einem unbiegsamen Glauben nach der Spur des Guten Ausschau halten

8.3.5 Das gestärkte Fundament für Führungskräfte und Organisationen

Es ist wichtig zu sehen, dass die Grundmotivationen sowohl eine passive Erlebensseite als auch eine aktive Gestaltungsseite haben (s. auch Überblick „Gesundes und irritiertes Ich"). In der Krise werden die Abgründe, das Unvermögen und auch das Destruktive dieser Welt in den Vordergrund gerückt und sämtliche Größenphantasien, allmächtig zu sein, erschüttert. Es macht deutlich, dass wir auf das passive Erleben von der Kraft des Guten dieser Welt angewiesen sind. Erfolg braucht den aktiven Einsatz. „Wir können nur den Boden bereiten – ob er sich einstellt, ist nicht in unserer Hand."[61]

Aus meiner Sicht geht es hier um einen spirituellen Reifungsprozess, der die einfache Psycho-Logik übersteigt. In der Krise wird man sich der eigenen Grenzen, aber auch der Realität bewusst: Es kommt nicht nur auf uns an;

60 Frankl 1987, S. 124 ff.
61 Längle 2016b, S. 49.

im Vertrauen auf das Gute kann uns das Gute geschenkt werden. Diese Erfahrungen sind wie eine Läuterung, die eine Person verändert und dem vielzitierten Fundament, das in der Krise scheinbar eingebrochen ist, eine neue Stabilität und Tragfähigkeit verleiht. Ein tiefes Grundvertrauen ins Leben (komme, was kommen mag!), eine Gewissheit über Liebens- und Lebenswertes (trotz allen Wahnsinns in dieser Welt), eine Achtung vor sich selbst (bei allem Unvermögen und Schuldhaften) und dem langen Atem auf der Suche nach dem Sinnvollen sind in einer neuer Weise gewachsen. Diese Erfahrungen stellen natürlich die Frage, ob es nicht doch eine göttliche Kraft des Guten in dieser Welt gibt.

Als Begleiter von Führungskräften und von Prozessen möchte ich auf einen wesentlichen Unterschied hinweisen: Es ist ein Unterschied, ob eine Person aufgrund grundlegender Entwicklungsdefizite oder wegen eines spirituellen Reifungsprozesses in eine Krise kommt. Bei den grundlegenden Defiziten braucht es ein aktives Bearbeiten dieser. Bei Reifungskrisen braucht es vor allem ein Aushalten und eine Stärkung in der Zuversicht.

Dieser Reifungsprozess darf aber nicht auf ein individuelles Geschehen reduziert werden. Wem die Führungskultur ein wichtiges Anliegen ist, der sollte strukturelle Voraussetzungen dafür schaffen, dass Irritationen und krisenhaftes Erleben auch zur Sprache kommen dürfen – jenseits von Perfektionsansprüchen wie „Einer Führungskraft darf nie die Luft ausgehen!“. Auch ein ehrliches Staunen über Erfolge, die sich nicht nur aufgrund eigener Leistung eingestellt haben, sollte möglich sein (s. z. B. „Segensgeschichten“ im Kap. 6 unter 6.1.4 „Ausgewählte Wesenszüge“). So kann ein kollektiver Reifungsprozess geschehen.

8.4 Exkurs: Ignatius von Loyola und seine Deutung

Das große Verdienst des Ignatius von Loyola (1491–1556) war es, viele bereits vorhandene Lebensweisheiten der christlichen Mystik und seine eigenen Erfahrungen schriftlich zusammengefasst zu haben. In seinem sogenannten Exerzitienbuch (das übrigens für Nicht-Kenner wie ein Grammatikbuch kaum lesbar ist) hat er eine Reihe von Übungen zusammengestellt, wobei er deren mögliche Resultate offen lässt. Diese Übungen sind eine Hilfestellung, um in der Beziehung zu Gott, zur Welt und auch zu sich selbst zu wachsen. Dazu zog sich Ignatius mit den Exerzitanten (diejenige, die sich auf den Prozess der Exerzitien einlassen) für einige Wochen im Schweigen zurück, um sie mit einem täglichen persönlichen Gespräch zu begleiten. In diesem

Schweigen soll der Exerzitant die göttliche Spur im Leben entdecken. Das Werk von Ignatius wird auch von Jesuiten unterschiedlich interpretiert und angewandt. Für unsere Überlegungen sind jene Ignatius-Kenner interessant, die die Dynamik des Exerzitienprozesses in den Vordergrund stellen. Ich selbst beschränke mich hier in den kurzen Ausführungen auf die Dynamik „Fundament – Krise – vertieftes Fundament“[62].

8.4.1 Das Fundament des Ignatius und die existenziellen Grundmotivationen

Sehr verkürzt dargestellt, beschreibt Ignatius zum Beginn seines Buches in einem kurzen Text „Prinzip und Fundament“, dass der Sinn des Menschen darin besteht, Gott zu loben, ihn zu verehren und ihm zu dienen. Manche deuten diesen Text als eine Vorgabe des ontologischen Sinns, wie man eben Leben zu verstehen hat; andere wie Alex Lefrank interpretieren diesen Text als „Rahmen …, in dem sich dann der existenzielle Sinn ereignet“[63]. Lefrank sieht das sogenannten „Prinzip und Fundament“ des Ignatius als eine Vorbereitungszeit der eigentlichen Übungen und damit als einen grundlegenden Teil des Exerzitienprozesses:[64] Bevor sich ein Kandidat für Exerzitien in eine längere Zeit der Stille zurückzog, um sich dort mit den sogenannten „Übungen“ auseinanderzusetzen, ließ Ignatius den Kandidaten eine Zeit lang in der Gemeinschaft seiner Gefährten mitleben. „Es geht im Prozess der Fundament-Phase … um die bewusste Verlagerung der Aufmerksamkeit!“[65] „Die Aufmerksamkeit wird vor allem auf die innere Befindlichkeit mit ihren inneren Regungen gelenkt … In Exerzitien wird diese Innenwelt auf einmal ständig thematisiert!“[66] Vereinfacht gesagt geht es darum, dass der Exerzitant unter der Leitung eines Begleiters zu einer Lebensform findet, bei der ihm aus seinem Innersten danach zu Mute ist, Gott aus vollem Herzen zu loben. Denn er erlebt aus Erfahrung,

- dass er von Gott gehalten, getragen und geführt wird,
- dass er immer wieder von Gott mit Leben berührt und inspiriert wird,
- dass er als ein einzigartiges Geschöpf Gottes lebt, auch Göttliches in sich trägt und von Gott geliebt ist.

---

62 Da hier keine Diskussion über unterschiedliche Auslegungen der ignatianischen Spiritualität geführt werden soll, sondern nur an einem Aspekt der Exerzitiendynamik Anlehnung genommen wird, beziehe ich mich hauf das Grundlagenwerk von Lefrank.
63 Dinhobl 2003, S. 40.
64 Vgl. Lefrank 2009, S. 80.
65 Ebd., S. 71.
66 Ebd., S. 66.

In dieser „Fundamentsphase“ der Exerzitien geht es also um konkrete Erfahrungen, durch die der Exerzitant zum Jubeln über Gott aus Dankbarkeit kommt. Existenzanalytisch betrachtet handelt es sich um eine besondere Form der inneren Zustimmung. Das bedeutet eine lebensbejahende Spiritualität. Und noch eine Aussage aus diesem einleitenden Text möchte ich herausgreifen: Wenn ein Mensch diese Erfahrungen des Fundamentes gemacht hat, dann soll er stets das in seinem Leben wählen, das ihn mehr (!) zu diesem Lebenssinn hinführt. Dieses „Mehr“ (lateinisch: Magis) wird so zum Entscheidungskriterium und Kompass, damit der Mensch auf der Spur des Lebens bleiben kann. Ignatius nennt dieses laufende Suchen nach dieser Qualität, wie das Leben in der Beziehung zu Gott erlebt wird, „Prinzip und Fundament“, denn: Diese Erfahrungen sind die Basis für alle Lebensgestaltungen (Fundament), aber letztlich geht es im Leben immer um das Ringen um diese Lebensweise (Prinzip).

Der Vergleich zwischen existenziellen Grundmotivationen und dem Fundament des Ignatius bietet sich an, vor allem beim Betrachten der passiven Erfahrungen der Grundmotivationen. Vermutlich erklären sich die Ähnlichkeiten dadurch, dass sowohl die Existenzanalyse als auch Ignatius den Zugang durch das einfache Beobachten, wie das Leben sich zeigt (phänomenologischer Zugang), gewählt haben. Rupert Dinhobl untersucht in seiner Diplomarbeit, ob die Existenzanalyse die säkularisierte Form der Exerzitien sei. Er findet viele Parallelen. „Der größte Unterschied besteht naturgemäß in der letzten Ausrichtung.“[67] Während die Exerzitien das Ziel der Stärkung der Beziehung zu Gott verfolgen, will die existenzanalytische Therapie persönliche Störungen in der Persönlichkeit bewältigen helfen und zu einem Leben mit innerer Zustimmung hinführen.

8.4.2 Reinigungsprozesse in der Krise

Ignatius beschreibt, dass nach dieser lebensfrohen Fundamentsphase meist die Krise folgt. Im geistlichen Prozess nach dem ignatianischen Modell ist die Erschütterung des Fundaments nicht mehr mit Übungen, Disziplin und Interventionen heilbar! Die betroffene Person kann zwar zur Krisenbearbeitung einiges tun. Aber im geistlichen Prozess funktionieren die bisherigen Methoden, die zum Erleben des Fundaments geführt haben, nicht mehr. Das, was ich noch tun kann, ist, meine eigene Betroffenheit in der Stille vor Gott bringen – womit ich existenzanalytisch gesprochen in die Selbstdistanz gehe, meine primäre Emotion zulasse und akzeptiere – und vertrauend warte, ob etwas mit mir geschieht und was geschieht. Die Interventionen des geistlichen Begleiters bestehen – vereinfacht gesagt – nur darin: der betroffenen

67 Dinhobl 2003, S. 124.

Person Halt zu geben, damit sie einerseits in der Betroffenheit und in ihrer Sehnsucht bleiben kann; gemeinsam Unterstützungen suchen, die die Krise erträglich machen; unterscheiden zu helfen, was sie aktiv tun kann und was es eben nun einfach auszuhalten gilt; die Person in ihrer Emotionalität ernst- und wahrzunehmen und: stellvertretend für den Exerzitanten die Zuversicht auszudrücken, dass es sich um einen positiven Wandlungsprozess handelt, auch wenn der begleiteten Person der Glaube daran nicht gegeben ist.

Der Durchbruch passiert in den meisten Fällen nicht als spektakuläres Ereignis. Es wächst irgendwann und oft unerwartet die Sicherheit, trotz allem – von Gott – gehalten und getragen zu sein; trotz allem Leidvollen und Schmerzhaften immer wieder vom Leben erfüllt und gestärkt zu werden; trotz Versagen und Schuld als ein wertvoller Mensch zu leben, der viel Gutes bewirken kann; trotz aller Sinnlosigkeit den eigenen Platz in dieser Welt, in die ich hineingestellt bin, zu sehen und zu finden. Das wieder geschenkte Fundament wird in neuer Weise erlebt, das nicht mehr so leicht zu erschüttern ist. Die tiefe Gewissheit trägt: Ich kann mit Gott im Alltag rechnen.

Die Krise wird zum Reinigungsprozess des Fundaments, und er „geschieht in zwei Stufen. In der ersten Stufe gilt es, die Verharmlosung der wahren Lage und die falsche Sicherheit zu überwinden, die den Menschen gefangen hält und zunächst verhindert, dass er entschlossen Maßnahmen zur Veränderung ergreift“.[68] Während sich die Emotionalität in der Fundamentphase letztlich auf die Erfüllung der eigenen Bedürfnisse konzentriert, sind die Menschen in der Krise radikal auf das Geschehen-Lassen und Beschenkt-Werden angewiesen. Durch das Erleben, unerwartet beschenkt zu werden und geliebt zu sein, verändert sich der Fokus weg von sich selbst auf das Umfeld hin. Das Dasein für andere bekommt einen höheren Stellenwert. „Vor allem sind sie aber zu einer neuen Grundhaltung der Liebe befreit: zur Grundhaltung der *schenkenden* Liebe, die das Echo auf die *erfahrene* Liebe ist.“[69] Für Führungskräfte kann es entscheidend sein, wenn sie frei von aller Egozentrik sich ganz für Ihr Umfeld engagieren können.

Lefrank beschreibt die zweite Stufe des Reinigungsprozesses folgendermaßen: „Die zweite Stufe der Reinigung ist radikale Erfahrung des bodenlosen Nichts, die Angst um die Existenz und gänzliche Sinnlosigkeit. Diese Krise wird … zu einer Kapitulation führen. Den verzweifelten Versuch des Menschen, sich

68 Lefrank 2009, S. 179.
69 Ebd. , S.18.

selbst retten zu wollen, gilt es aufzugeben."[70] Und diese Kapitulation führt zu einem vertieften Glauben: „... die Gewissheit, dass hinter allem Sinnlosen, Ausweglosen und Dunklen der Eine ist, der den Menschen hält und trägt."[71]

8.5 Die Chancen des Reifungsprozesses für die Führungskultur

Dieser radikale Schritt „Ich kann nichts mehr tun!" ist für Führungskräfte schwer nachahmbar, weil sie ja dafür da sind, das Unternehmen zu steuern oder in die Zukunft zu führen. Dieser Exkurs zeigt aber trotz allem auch für Führungskräfte Wesentliches:

- Es braucht eine klare Unterscheidung: Besteht eine Krise, weil es einen Mangel an gelebter Grundmotivation bzw. einen Handlungsbedarf in der Führungskultur gibt oder aber ist es eine Krise, die von dem Fundament stärker in die Realität führt und das Fundament in einer tieferen Weise stärkt?
- Ein gutes Wechselspiel von Aktivität und Kontemplation (Tun und Unterbrechungen in der Stille) bieten die Chancen, dass Persönlichkeiten, Organisationen und Ideen reifen können.
- Ein durch Krisen geschütteltes Vertrauen gibt einen festen Boden für Führungskräfte, dass auch sie ihren Kolleginnen, Kollegen und Mitarbeitenden Halt geben können.
- Wer durch die Trostlosigkeit einer dunklen und trockenen Phase ohne belebende Erfahrungen gegangen ist, weiß, wie wertvoll es ist, trotz des Stresses auf das „Auskosten" von Freudigem und Belebendem zu achten. Diese Lichtmomente im Alltag auszukosten ist wie stetig Öl in eine Öllampe zu gießen, damit diese nicht ausbrennt (wie so manche Menschen es tun). Solche Führungskräfte werden gut auf ihre Mitarbeitenden achten.
- Wer gelernt hat, hellhörig auf die innere Wahrheitsstimme zu horchen, ist wie ein Spürhund, der laufend die Duftspur seines Herrn verfolgt. Solche Führungskräfte werden gemeinsam mit ihren Mitarbeitenden ständig nach sinnvollen Perspektiven und nach der Spur des Lebens Ausschau halten.

---

70 Ebd., S. 106.
71 Ebd. , S.189.

Ausblick: Mit Zuversicht und Entschlossenheit Schritt für Schritt gehen

Wenn ein Riesentanker am Meer an einer bestimmten Stelle seine Richtung ändern möchte, dann muss der Steuermann bereits Kilometer davor sein Steuerrad einschlagen. Wegen der Trägheit des Tankers braucht es ein Vordenken und das Einplanen von Zeit. Der Richtungswechsel passiert, wenn der Steuermann konsequent das Ruder eingeschlagen lässt. Das könnte ein Vergleich für Kulturarbeit in Unternehmen sein. Mit viel Geduld konsequent einzelne Ziele und Schritte setzen, die möglich sind. Die im Buch erzählten Erfahrungen sind zum Teil erst nach 10 bis 15 Jahren konsequenter Arbeit möglich geworden.

So gab es in der Vinzenz Gruppe unterschiedliche Phasen: Nach der Implementierung der Strukturen versuchte jedes Haus auf seine Weise Wege zu finden und das Bestmögliche zu entwickeln. Nach einigen Jahren wurde eine Klammer gesucht, die den Häusern eine gemeinsame Identität stiften sollte. So wurde in einem längeren Prozess Bewährtes aus der Experimentierphase zusammengetragen und durch eine Vortragsreihe „Das christliche Krankenhaus" eine neue Vision entwickelt. Das Ergebnis war ein zukünftiges Bild von sieben Auszeichnungsmerkmalen.[72] Dieses verschriftlichte Profil war ein Arbeitsauftrag, den sich die Gruppe selbst gegeben hat und der in vielen Projekten in den Folgejahren abgearbeitet und umgesetzt wurde. Patienten- und Mitarbeiterbefragungen gaben der Gruppe Bestätigung, aber sie zeigten auch notwendige Handlungsfelder auf. Als unter den Mitarbeitenden immer häufiger die Frage auftauchte „Gelten die Werte nur für die Patientinnen und Patienten oder auch für uns?" und dieses Unbehagen in einer Befragung seinen Niederschlag fand, wurde viel Zeit in die Entwicklung der Führungskultur und einer Kultur des Miteinanders investiert. Daneben gab es immer wieder

---

72 Vinzenz Gruppe 2014, Sieben Eckpfeiler.

neue Herausforderungen, die in den Häusern oder von außen entstanden sind. Wenn in den Texten wiederholt von „Prozessen“ die Rede ist, dann ist klar, dass Personalressourcen und Zeit – in einer sehr effizienten Weise – zur Verfügung gestellt wurden.

Davon bin ich überzeugt: Wenn es in der Vinzenz Gruppe keine Strukturen, Gremien und das ständige Einbinden des Managements gegeben hätte, wäre der immerwährende Suchprozess zum Erliegen gekommen. Ich bin auch davon überzeugt: wenn die Geschäftsleitung und das zentrale Managementteam keinen Nutzen (also einmal kann ich das Wort noch bringen: Es braucht ein „leuchtendes Wozu“!) gesehen hätten, dann wären viele Investitionen im Sande verlaufen. Es braucht darüber hinaus Menschen, die laufend auf die Kosten-Nutzen-Waage aufmerksam machen.

Damit möchte ich einfach ermutigen: mit wenigen Schritten unter Einbindung der Geschäftsführung zu beginnen und dafür zu sorgen, dass Strukturen das Anliegen am Leben erhalten und weiterführen. Dann braucht es ein konsequentes Gehen – wenige Schritte, aber konsequent – und ein aufmerksames Ausschauhalten, was geschieht und sich ergibt.

Und: Man kann schon auch mit einem „Rückenwind des Lebens“ rechnen!

Denn: „Gott hat uns nicht einen Geist der Verzagtheit gegeben, sondern einen Geist der Kraft, der Liebe und der Besonnenheit.“ (2 Tim 1,7)

Literatur

Beck Matthias (2016): Christ sein – Wie geht das? Glauben auf den Punkt gebracht. Wien-Graz-Klagenfurt: styria premium.

Dinhobl Rupert (2003): Exerzitien des Ignatius und Existenzanalyse nach A. Längle – Zusammenschau zweier Wege. Abschlussarbeit für die existenzanalytische Therapieausbildung.

Fischer Michael (2019): Das konfessionelle Krankenhaus. Unternehmensgestaltung aus theologischer und unternehmerischer Perspektive. Münster: LIT-Verlag.

Fischer Michael (2015): Denken – glauben – orientieren. In einem theologisch fragenden Kontext. In: Fischer Michael (Hg.): Erkenntnis und Verantwortung. Anthropologische und theologische Bezugspunkte für das Gesundheitswesen. Rheinbach: CMZ-Verlag. S. 165-176.

Fischer Michael (2012): Barmherzigkeit provoziert. Vom heilenden Dienst zum kirchlichen Dienstunternehmen. Rheinbach: CMZ-Verlag.

Frankl Viktor (1987): Ärztliche Seelsorge. Grundlagen der Logotherapie und Existenzanalyse. Frankfurt: Fischer Taschenbuch.

Hauser Markus (2020): Führungsverantwortung – Last oder Lust? In: ksoe Dossier 01/2020. Wien: Katholische Sozialakademie.

Jaschke Helmut (2008): Jesus, der Mystiker. Ostfildern: Matthias-Grunewald-Verlag.

Johner Philipp, Bürgi Dorothee, Längle Alfried (2018): Existential Leadership zum Erfolg. Philosophie und Praxis der Transformation. Freiburg: Haufe-Lexware Verlag.

Kinast Rainer (2016): Der Reifungsprozess in den situativen Blockaden in den Grundmotivationsthemen. Eine beachtenswerte Dynamik für Organisationen. In: Existenzanalyse Heft 33/2/2016. Wien: Gesellschaft für Existenzanalyse und Logotherapie, S. 124–134.

Kinast Rainer (2014): Moralische Profilierungsprozesse konfessioneller Einrichtungen. Erfahrungen der Vinzenz Gruppe. In: Bormann Franz-Josef, Wetzstein Verena (Hg.): Gewissen. Dimensionen eines Grundbegriffs medizinischer Ethik. München: De Gruyter Verlag. S. 719–740.

Kinast Rainer, Milz Alexander (2013): Existenzanalyse und Organisationsentwicklung. In: Existenzanalyse Heft 1/2013. Wien: Gesellschaft für Existenzanalyse und Logotherapie, S. 15–37.

Kinast Rainer (2010): Die Person in der Funktion. In: Existenzanalyse Heft 2/2010. Wien: Gesellschaft für Existenzanalyse und Logotherapie, S. 118–123.

Laloux Frederic (2015): Reinventing Organizations. Ein Leitfaden zur Gestaltung sinnstiftender Formen der Zusammenarbeit. München: Verlag Franz Vahlen.

Längle Alfried (2016a): Existenzanalyse. Existenzielle Zugänge der Psychotherapie. Wien: Facultas Verlag.

Längle Alfried (2016b): Sinnspuren. Dem Leben antworten. St. Pölten: Residenzverlag.

Längle Alfried (2013): Lehrbuch zur Existenzanalyse. Grundlagen. Wien: Facultas Verlag.

Lefrank, Alex (2009): Umwandlung in Christus. Die Dynamik des Exerzitienprozesses. Würzburg: Echter Verlag.

Längle Alfried (Hg.)(2000): Lexikon der Existenzanalyse und Logotherapie. Wien: Gesellschaft für Logotherapie und Existenzanalyse.

Milz Alexander (2016): Vom Guten zu viel. Aktivismus als schützende Kraft im Kontext von Organisationen. In: Existenzanalyse Heft 1/2016. Wien: Gesellschaft für Existenzanalyse und Logotherapie, S. 32–37.

Päpstlicher Rat für Gerechtigkeit und Frieden (2004): Kompendium der Soziallehre der Kirche. Freiburg: Herder.

Schneider-Landolf Mina, Spielmann Jochen, Zitterbarth Walter (Hg.)(2009): Handbuch Themenzentrierte Interaktion (TZI). Göttingern: Vandenhoeck & Ruprecht.

Vinzenz Gruppe Krankenhausbeteiligungs- und Management GmbH (Hg.) (2014): Sieben Eckpfeiler des christlichen Profils der Krankenhäuser der Vinzenz Gruppe, https://www.vinzenzgruppe.at/fileadmin/user_upload/siebenEckpfeiler.pdf (6.10.20).

Weiher Erhard (2014): Das Geheimnis des Lebens berühren. Spiritualität bei Krankheit, Sterben, Tod. Eine Grammatik für Helfende. Stuttgart, W. Kohlhammer Verlag.

Werlen Martin (2018): Zu spät. Eine Provokation für die Kirche. Hoffnung für alle. Freiburg: Herder.

Anhang

A1 Orientierungsfragen zur Findung der persönlichen Stellungnahme

Ein Leitfaden

Diese oder ähnliche Fragen kann eine Führungskraft, eine Kollegin oder ein Kollege stellen, damit jemand Schritt für Schritt die eigene Stellungnahme in einer konkreten Situation findet. Dabei ist wichtig, Fragender zu bleiben und selbst keine Antworten zu geben. Oder aber:
Eine Führungskraft, eine Mitarbeiterin oder ein Mitarbeiter führt sich selbst mit diesen Fragen. Schritt für Schritt, um die eigene Stellungnahme in einer konkreten Situation zu finden.

Zum 1. Schritt: Wahrnehmen des primären Eindrucks

Wie geht es dir mit der konkreten Situation?
Welche Emotionen hat die Situation in dir ausgelöst?
Was konkret hat welche Gefühle in dir provoziert?
Was war der erste Impuls in dir?
Was würdest du jetzt – unreflektiert – am liebsten tun?
Welche Phantasien über andere oder über Hintergründe dieser Situation geistern durch deinen Kopf? Was davon sind unüberprüfte Vermutungen?

Zum 2. Schritt: Den situativen Wert und damit die eigene Stellungnahme finden

Was ist dir jetzt wichtig?
Worum geht es dir jetzt?
Worum geht es dir noch?
Aus all diesen genannten Anliegen und Wertvorstellungen: Was davon sollte aus deiner Sicht Priorität bekommen, weil es einerseits vernünftig ist und weil auch dein innerstes Gespür sagt:
„Das bringt uns weiter …!" und „Das ist es wert, weil es jetzt der entscheidende Punkt ist."
Hast du den Eindruck: In dieser jetzigen Situation lohnt es sich, sich dafür einzusetzen?
Hast du das gefunden, wofür du dich nun vorrangig in dieser Situation einsetzen möchtest?

Zum 3. Schritt: Alternativen finden, um die innere Stellungnahme zu konkretisieren

Damit nun dieser situative Wert konkret wird, welche Möglichkeiten hast du, ihn zu verwirklichen?
Welche Schritte könntest du gehen?
Siehst du eine andere Möglichkeit?
Siehst du noch eine dritte Variante, um das, was dir wirklich wichtig ist, zu realisieren?
Stell dir kurz bei jeder Variante vor, dass du dich für sie entschieden hast: Wir geht es dir jeweils damit?
Welche dieser Möglichkeiten erscheint für dich als die bestmögliche?
Und warum? Wie begründest du diese Entscheidung?
Und was sagt dein innerstes Gespür („die innere Wahrheitsstimme“) dazu?

Zum 4. Schritt: Entscheiden und konkrete Schritte planen

A 2 Übung „Kollegiales Feedback"

Vorbereitung:

Jede und jeder Feedback-GeberIn macht sich Notizen, was sie/er der/dem Feedback-NehmerIn rückmelden wird.

Während des Feedbacks schreibt die Feedback-NehmerIn das Gehörte mit (auch das Positive), fragt nach, wenn sie die Rückmeldung nicht versteht oder nicht einordnen kann.
Absolutes No-Go: Nach einem Feedback Erklärungen und Rechtfertigungen abgeben. Denn: Es geht nur darum, ein ehrliches Feedback zu erhalten und die Bereitschaft, auch in Zukunft ehrliche Rückmeldungen zu geben, zu stärken.

Folgender Ablauf ist in der Übung einzuhalten:

1. Feedback-NehmerIn: bittet um Feedback (als Zeichen der Bereitschaft, Feedback zu hören)
2. Feedback-GeberIn:
   - Liebe/r …
   - Ich habe Sie/dich in folgenden Situationen schätzen gelernt …
     (Beschreiben der konkreten Situation, des Verhaltens der Kollegin bzw. des Kollegs, und was das Verhalten bewirkt hat! Klare Trennung von Beschreibung des Verhaltens und der Wirkung!)
   - Ich empfehle Ihnen/dir bzw. ich wünsche von dir:
     Unausstehlich perfekt wären Sie/wärst du …
     wenn Sie weiterhin tun/du weiterhin tust …
     wenn Sie mehr tun/du mehr tust …
     wenn Sie weniger tun/ du weniger tust …
     (Beschreiben von gewünschtem Verhalten der Kollegin und des Kollegen, evtl. von konkreten Situationen, in denen dieses Verhalten wichtig wäre und auch beschreiben, WOZU dieses gewünschte Verhalten hilfreich wäre. Vermeide Interpretationen: Gründe und Hintergründe äußern, warum sich die Kollegin bzw. der Kollege anders verhält! Diese Vermutungen treffen fast immer daneben.)
3. Feedback-NehmerIn antwortet jeder Person, die ihr/ihm Feedback gegeben hat (um die Haltungen des Feedback-Nehmens einzuüben):
   - Danke für Ihre/deine ehrlichen Worte. (Haltung: Dankbarkeit über die Offenheit)
   - Ich werde sie mir gut überlegen. (Haltung: Ich nehme Sie ernst)

- Sofort zusagen kann ich … (Haltung: Bereitschaft sich verbindlich zu ändern)
- Ich bin aber nicht dazu da, Ihre/deine Wünsche zu erfüllen.
  Ich selbst werde mir überlegen, was ich aus Ihrer/deiner Rückmeldung mache.
  (Haltung: Ich grenze mich ab, da ich für mein Verhalten verantworten muss)

A 3 Zur Einschätzung der aktuellen Kultur in unserem Unternehmen

- O = Einschätzung, wie ich den Umgang der vorgesetzten Stellen mit mir erlebe
- M = Vermutung, wie unsere Mitarbeiter unsere Unternehmenskultur einschätzen würden

Kontrastkultur					Mitarbeiter stärkende Kultur				
Kultur der Angst, der Verunsicherung, der Unklarheit, der Unverbindlichkeit					Kultur der Orientierung, der Transparenz, der Verbindlichkeit, des Vertrauens und des Zutrauens				
1	2	3	4	5	6	7	8	9	10
Kultur der Beziehungslosigkeit, der sterilen Sachlichkeit, des Formalismus					Kultur der gemeinsamen Reflexion, des Interesses füreinander, der Begeisterung, des „Feierns“ von Erfolgen				
1	2	3	4	5	6	7	8	9	10
Kultur der Abwertung von Menschen, des Ignorierens von Leistungen und Potenzialen, des Einheits- und Schablonendenkens					Kultur der Beachtung des Einzelnen, der Förderungen von Potenzialen, der Wertschätzung und des Feedbacks				
1	2	3	4	5	6	7	8	9	10
Kultur des Umsetzens ohne Mitdenken, des Arbeitens nach Vorschrift, der Delegation von Entscheidungen nach oben					Kultur des eigenverantwortlichen Engagements, des Gestaltungswillens in Gestaltungsräumen, des Denkens über den eigenen Tellerrand				
1	2	3	4	5	6	7	8	9	10

A4 Landkarte einer Führungskultur der Eigenverantwortlichkeit

Organisationstheoretische Beschreibung:
Personenstärkende Organisationskultur als Voraussetzung für eigenverantwortliches Engagement und Leistung

Zielkultur: Vier Aspekte der Führungskultur	Kontrastkultur (So nicht!)
Kultur der ***Verlässlichkeit***, der ***Orientierung*** und der ***Transparenz*** - Klare Aufgaben und Zuständigkeiten - Orientierung durch Information - Kontinuität - Verlässliche Vereinbarungen ⇨ *„Ich kann in diesem Unternehmen und mit den gegebenen Rahmenbedingungen gut arbeiten"* *„Ich habe meinen Platz"*	Kultur der - Angst - Verunsicherung - Desorientierung - Unverbindlichkeit
Kultur der ***Reflexion*** und des ***Interesses füreinander*** - Kultur der Beziehungen (zu Menschen und Aufgaben) - Zulassen von Emotionen und der Berührbarkeit - Reflexion und Austausch von Wertvollem - Kultur des gemeinsamen Feierns ⇨ *„Ich gehe gerne in die Arbeit!"*	Kultur der - Beziehungslosigkeit - der Vereinsamung - der sterilen Sachlichkeit - der reinen Funktionalität und der Formalismen
Kultur der ***Beachtung der/des Einzelnen*** - Förderung von Potenzialen - Delegationskultur - Feedback- und Wertschätzungskultur - Kritik- und Konfliktkultur ⇨ *„Ich werde als Individuum ernst genommen und bringe mich deshalb gerne ein!"*	Kultur - der Abwertung und/oder - der Ignoranz - des Einheits- und Schablonen-denkens
Kultur des ***eigenverantwortlichen Engagements*** - Herausforderungen und die Verantwortungen bei den kleinsten Einheiten/Betroffenen lassen (Subsidiaritätsprinzip) - Transparenz des Ziel- und Gestaltungsrahmens - Kultur der Eigenverantwortung in Gestaltungsräumen ⇨ *„So macht die Arbeit für mich Sinn!"*	Kultur - der Sinnlosigkeit - von Dienst nach Vorschrift - von standardisiertem Verhalten - der Delegation nach oben

Beispiele für das Führungsverhalten, das diese Personen-stärkende Kultur fördert
- Für das Einhalten der AKVs (Aufgaben-Kompetenzen-Verantwortung) sorgen, klare Aufträge erteilen - Orientierung durch persönliche Information und Kommunikation über Ziele der gesamten Organisation - Bei Top-down-Entscheidungen: Hintergründe transparent machen, Gestaltungsräume sichten und definieren - Eine gute Einführung (in die Organisation, fachliche Einführung) neuer Mitarbeiter/innen organisieren - Gezielte fachliche Weiterbildungen - Teamentwicklung: klare Regelungen der Zusammenarbeit - Thema der Personalausstattung und -ressourcen pro-aktiv ansprechen - Vereinbarungen auf realistische Umsetzbarkeit überprüfen, Stellungnahmen bei Nicht-einhalten-Können - Bei Problemen Mitarbeiter/innen nicht alleine lassen, in Grenzsituationen klare Ansprechpartner/innen zur Verfügung stellen - Vertrauen in die Mitarbeiterin bzw. in den Mitarbeiter (Zutrauen) aussprechen
- Den Mitarbeiter/innen als „berührbaren Menschen“ gerecht werden: - Mitarbeiter/in zur Reflexion anhalten und ihre/seine subjektiven Sichtweisen anhören - In Mitarbeiter/innen-Gesprächen der persönlichen und emotionalen Seite Raum geben: Was macht Freude? Was ist mühsam? - In Besprechungen Raum geben für: Austausch, Würdigungen, Jammern - Teamentwicklung: Vertrauen und Für-einander-Eintreten stärken (Auf-einander-Schauen) - Geleistete Arbeit und Projekte evaluieren: Leistung würdigen, Sinnhaftigkeit heben, selbstkritisch damit umgehen - Gemeinsame Erlebnisse ermöglichen, Anlässe (Jahresfeste, Projektabschluss ...) feiern
- Zielorientiertes Führen hat Vorrang vor prozessorientiertem Führen - Mitarbeiter mit offenen Fragen zu Stellungnahmen fordern und mit klaren Stellungnahmen gegenübertreten - Potenziale entdecken, fördern und fordern: Gestaltungsfreiräume schaffen, Entscheidungen und Verantwortungen einfordern (nicht abnehmen) - Mit Vertrauen delegieren und die „andersartige“ Lösungskompetenz stärken - Die Leistungen des Einzelnen sehen und anerkennen (nicht nur das Team, sondern auch den Einzelnen loben) - Teamentwicklung: wahrhaftige Feedbackkultur und konstruktive Konfliktkultur entwickeln - Profilierung ermöglichen und die Beachtung der Leistungen der Kollegen fördern - Die Wertschätzung der Leistungen der anderen Professionen und Disziplinen in den Blick holen
- Fachliche Themen in den kleinsten Einheiten lassen - Situative Anliegen der Mitarbeiter/innen ernst nehmen, sich dafür Zeit nehmen und sie bearbeiten - Themen, die sowohl „von oben“ kommen, als auch jene, die „von unten“ kommen, bearbeiten (lassen) - Fragen, Herausforderungen und Problemstellungen bei den Mitarbeiter/innen halten: Lösungskompetenz einfordern - Den Blick für weitere Möglichkeiten und für verborgene Chancen weiten - Lösungsansätze und Projektideen der Mitarbeiter/innen bei deren Umsetzung unterstützen - Die Sinnhaftigkeit der strategischen Ziele, in die sich die meisten Lösungsansätze einzuordnen haben, „am Leuchten halten“ - Spannung halten zwischen Sinn-Ausrichtung der gesamten Organisation und den Sinn-Ausrichtungen der kleinen Einheit

Der Autor

Rainer Kinast, geboren 1953 in Wien, ist Theologe, Unternehmensberater, Psychotherapeut (Existenzanalytiker), Geschäftsführer einer Pflegeorganisation und Trainer an der Akademie für Sozialmanagement in Wien. Er war 13 Jahre Leiter des Zentralbereichs Wertemanagement in der Vinzenz Gruppe, einem Verbund von Ordenskrankenhäusern und Gesundheitseinrichtungen. Da er diese Funktionen gleichzeitig wahrgenommen hatte, haben seine vielfältige Tätigkeiten gegenseitig bereichert und inspiriert. Er schöpft außerdem aus der über fünfundzwanzig Jahren Erfahrung in der Ausbildung als Trainer von Führungskräften an der Akademie für Sozialmanagement in Wien. Seine Grundausbildungen sind katholische Fachtheologie, Wirtschaftscollege, Psychotherapie (Existenzanalyse und Logotherapie) und Exerzitienbegleitung.

Nähere Infos: www.kinast-zeggl.at

Ungefähr 9.370 Kindertageseinrichtungen, in denen über 592.000 Kinder betreut werden, sind bundesweit in katholischer Trägerschaft. Zudem betreibt die katholische Kirche zahlreiche Fachschulen und Fachakademien für angehende ErzieherInnen und stellt ein umfangreichesAngebot der Fachberatung sowie Fort- undWeiterbildung bereit. Ein Spezifikum katholisch geführter Kindertageseinrichtungen ist, dass sie Orte des gelebten Glauben sind - zusätzlich zu den allgemein hohen Erwartungen an den Bildungs- und Erziehungsauftrag. Das Projekt "Kita - Lebensort des Glaubens" im Bistum Münster klärte die kirchlichen und gesellschaftlichen Rahmenbedingungen hierfür und nahm sich der Herausforderung an, den Selbstanspruch auch in wirkungsvolles Handeln umzusetzen.

Der hohe Bedarf an Seelsorge in den Krankenhäusern, Seniorenheimen und Behinderteneinrichtungen trifft erfreulicherweise auf viele christlich motivierte Menschen, die sich ehrenamtlich engagieren möchten.
Über die Wichtigkeit der ehrenamtlichen Seelsorge besteht Einigkeit innerhalb der deutschsprachigen Diözesen, beim Einsatz von Ehrenamtlichen in diesem Bereich erheben sich dagegen immer wieder kritische Stimmen. Diese Bedenken diskutiert der Autor in seiner Studie und kommt zu folgenden Ergebnissen: Ehrenamtliche brauchen Rollenklarheit und Rückhalt durch Kirche und Einrichtung, außerdem eine qualifizierte Aus- und Fortbildung sowie Begleitung.
Professionelle haben eine andere Aufgabe und Rolle als Ehrenamtliche, sie tragen die Gesamtverantwortung.
Die Qualität der Seelsorge ist unabhängig vom Status des Seelsorgers. Ehrenamtliche können hauptamtliche Seelsorger nicht ersetzen, sie bringen jedoch neue Perspektiven in die Diskussion und machen die Seelsorge in den Institutionen durch ihre Anzahl präsenter. Für die Ehrenamtlichen ist ihr Glaube Motivation und Stütze in der seelsorgerischen Tätigkeit.

Michael Fischer (Hg.)

Ehrenamtliche in der Krankenhausseelsorge

2. Auflage, 2018, 138 Seiten,
kartoniert
€ 19,00
ISBN 978-3-7841-3082-8

www.lambertus.de

LAMBERTUS
SOZIAL | RECHT | CARITAS